中华人民共和国行业标准

公路沥青路面养护技术规范

Technical Specifications for Maintenance of Highway Asphalt Pavement

JTG 5142—2019

主编单位：交通运输部公路科学研究院
批准部门：中华人民共和国交通运输部
实施日期：2019 年 09 月 01 日

人民交通出版社股份有限公司

图书在版编目（CIP）数据

公路沥青路面养护技术规范：JTG 5142—2019 / 交通运输部公路科学研究院主编. — 北京：人民交通出版社股份有限公司，2019. 6

ISBN 978-7-114-15612-0

Ⅰ. ①公… Ⅱ. ①交… Ⅲ. ①沥青路面—公路养护—技术规范 Ⅳ. ①U418. 6-65

中国版本图书馆 CIP 数据核字（2019）第 107626 号

标准类型：**中华人民共和国行业标准**
标准名称：**公路沥青路面养护技术规范**
标准编号：JTG 5142—2019
主编单位：交通运输部公路科学研究院
责任编辑：丁 遥
责任校对：刘 芹
责任印制：刘高彤
出版发行：人民交通出版社股份有限公司
地 址：（100011）北京市朝阳区安定门外外馆斜街 3 号
网 址：http：//www. ccpcl. com. cn
销售电话：（010）59757973
总 经 销：人民交通出版社股份有限公司发行部
经 销：各地新华书店
印 刷：北京市密东印刷有限公司
开 本：880×1230 1/16
印 张：6. 75
字 数：137 千
版 次：2019 年 6 月 第 1 版
印 次：2024 年 8 月 第 6 次印刷
书 号：ISBN 978-7-114-15612-0
定 价：60. 00 元
（有印刷、装订质量问题的图书，由本公司负责调换）

中华人民共和国交通运输部

公　　告

第 39 号

交通运输部关于发布《公路沥青路面养护技术规范》的公告

现发布《公路沥青路面养护技术规范》(JTG 5142—2019)，作为公路工程行业标准，自 2019 年 9 月 1 日起施行，原《公路沥青路面养护技术规范》(JTJ 073.2—2001) 同时废止。

《公路沥青路面养护技术规范》(JTG 5142—2019) 的管理权和解释权归交通运输部，日常解释和管理工作由主编单位交通运输部公路科学研究院负责。

请各有关单位注意在实践中总结经验，及时将发现的问题和修改建议函告交通运输部公路科学研究院（地址：北京市海淀区西土城路 8 号，邮政编码：100088）。

特此公告。

中华人民共和国交通运输部

2019 年 5 月 28 日

交通运输部办公厅　　2019 年 5 月 31 日印发

前　言

根据交通运输部《关于下达2012年度公路工程标准制修订项目计划的通知》（厅公路字〔2012〕182号）的要求，由交通运输部公路科学研究院承担对《公路沥青路面养护技术规范》（JTJ 073.2—2001）的修订工作。

本规范编制组系统梳理总结现有沥青路面养护技术研究与工程应用成果，广泛征求意见，开展大量技术论证工作，对沥青路面养护技术管理、路况调查与评价、日常养护、养护工程设计与技术要求等内容进行全面修订。修订后的规范包括14章和3个附录，主要修订内容如下：

（1）增加了基本规定、养护工程设计要求、封层、桥隧沥青铺装养护、水泥混凝土路面沥青铺装养护、绿色养护等6章，明确了沥青路面养护工作内容、管理与质量要求。

（2）分别按公路网级、日常养护和养护工程修订补充了沥青路面路况调查与评价的内容、方法与要求，以及路况评价结果的应用。

（3）修订并细化了日常养护的内容、方法、设备与管理要求，以及日常维修中主要类型病害的处治时机、方法、材料、施工、设备与质量要求。

（4）将主要用于预防养护的封层从罩面中独立成章，修订补充了六种封层的适用条件，以及材料、旧路病害处治、施工、设备与质量要求。

（5）明确铺筑厚度小于4cm的功能性罩面作为预防养护措施，修订补充了三种功能性罩面的适用条件，以及材料、旧路病害处治、施工、设备与质量要求。

（6）将补强与翻修合并为结构性补强一章，区分结构性补强与功能性罩面，修订补充了结构性补强的类型与适用条件，以及材料、施工、设备与质量要求。

（7）明确了局部加宽的主要内容，修订了其材料、施工与质量要求。

（8）将桥面沥青铺装养护从病害处治中独立成章，修订补充了水泥混凝土桥面和钢桥面沥青铺装养护规定，并增加了隧道路面沥青铺装养护内容。

本规范由刘振清负责起草第4章、第12章和附录A，郭银涛负责起草第1章和第6章，王松根负责起草第2章，杨屹东负责起草第3章，李强负责起草第7章，潘宗俊、徐剑负责起草第8章和附录B、附录C，周玉波、贾琳负责起草10章，祖熙宇负责起草第11章，曹晓峰负责起草第5章，张继林负责起草第13章，毕玉峰负责起草第14章，侯芸负责起草第9章，广东省交通集团有限公司李海军参与起草第5、6章，东南大学张磊参与起草第12章，北京市政路桥建材集团有限公司董雨明参与起草第9章。

请各有关单位在执行过程中，将发现的问题和意见，函告本规范日常管理组，联系人：刘振清（地址：北京市海淀区西土城路8号，邮编：100088；电话：010-

82364010，传真：010-62375021；电子邮箱：81985179@qq.com），以便下次修订时参考。

主 编 单 位： 交通运输部公路科学研究院

参 编 单 位： 公路养护技术国家工程研究中心（中公高科养护科技股份有限公司）
山东省交通运输厅公路局
江苏省交通运输厅公路局
辽宁省交通厅公路管理局
广东省交通集团有限公司
福建省公路管理局
山东省交通规划设计院
中国公路工程咨询集团有限公司

主　　编： 刘振清

主要参编人员： 郭银涛　王松根　杨屹东　李　强　潘宗俊
徐　剑　周玉波　贾　琳　祖熙宇　曹晓峰
张继林　毕玉峰　侯　芸

主　　审： 王　林

参与审查人员： 杨国峰　王众毅　董平如　柳　浩　周进川
谭忆秋　陈　景　朱定勤　徐晓华　黄晓明
胡昌斌　张　超　张　涛　秦　明　秦永春
王子鹏

目　次

1　总则

1.0.1　为提高公路沥青路面养护管理与技术水平，规范沥青路面养护工作，保证日常养护和养护工程质量，保持良好的技术状况，制定本规范。

1.0.2　本规范适用于各等级公路沥青路面日常养护和养护工程。

1.0.3　公路沥青路面养护应遵循决策科学、预防为主、可靠耐久、节能环保的原则，并应符合下列规定：

1　应按科学决策的工作制度与方法，选用技术、经济合理的沥青路面养护方案，并对养护工程进行合理设计，在适宜时机采取针对性的养护措施。

2　采取全寿命周期养护成本理念，应推进沥青路面预防养护工作，及时对病害进行养护处治，促进预防与修复养护的良性循环。

3　结合各地实际情况及沥青路面病害发展特点，应采用性能可靠、适用耐久、易于实施的养护技术，并积极稳妥地应用新技术、新材料、新工艺和新设备。

4　宜应用节能环保养护技术，提高沥青路面再生利用、资源节约、绿色环保养护水平。

1.0.4　公路沥青路面养护除应符合本规范的规定外，尚应符合国家和行业现行有关标准的规定。

2　术语和符号

2.1　术语

2.1.1　预防养护　preventive maintenance

沥青路面整体性能良好但存在病害隐患或有轻微病害，为延缓路面性能过快衰减、延长使用寿命而预先采取的主动性养护工程。

2.1.2　修复养护　corrective maintenance

沥青路面出现明显病害或部分丧失服务功能，为恢复路面技术状况而进行的功能性或结构性修复养护工程。

2.1.3　专项养护　emergency maintenance

为恢复、保持或提升沥青路面服务功能而集中实施的路面改造、局部加宽、专项处治、灾后恢复等养护工程。

2.1.4　应急养护　emergency maintenance

突发情况下造成沥青路面损毁、中断、产生重大安全隐患等，为较快恢复路面安全通行能力而实施的应急性抢通、保通和抢修养护工程。

2.1.5　封层　seal coat

采用专用设备将由沥青胶结料、粗细集料、其他添加材料组成的流动型混合料喷洒或摊铺在沥青路面上形成的加铺薄层，或将沥青胶结料、碎石、纤维同步或异步洒（撒）布在沥青路面上形成的加铺薄层或应力吸收层。

2.1.6　含砂雾封层　fog seal with sand

采用专用高压喷洒设备将由乳化沥青基或煤焦油基材料、陶土、聚合物添加剂、细砂组成的混合料，喷洒在沥青路面上形成的封层。

2.1.7　稀浆封层　slurry seal

采用专用设备将乳化沥青、粗细集料、填料、水和添加剂等，按设计配合比拌和成稀浆混合料摊铺到沥青路面上形成的封层。

2.1.8 微表处 micro-surfacing

采用专用设备将改性乳化沥青、粗细集料、填料、水和添加剂等，按设计配合比拌和成稀浆混合料摊铺到沥青路面上，并形成很快开放交通的具有高抗滑和耐久性能的封层。

2.1.9 碎石封层 stone seal

采用专用设备将沥青胶结料、碎石同步或异步洒（撒）布在沥青路面上形成的封层。

2.1.10 纤维封层 fiber stone seal

采用专用设备在沥青路面上同步洒（撒）布一层改性乳化沥青、纤维和一层改性乳化沥青，之后撒布碎石形成的封层。

2.1.11 复合封层 composite seal

由碎石封层或纤维封层 + 微表处，或由碎石封层 + 稀浆封层组合而成的封层。

2.1.12 功能性罩面 functional overlay

在原沥青路面满足结构强度要求的情况下，为修复路面轻微病害、改善使用功能，铺筑厚度小于6cm 加铺层的养护措施。

2.1.13 结构性补强 structural reinforcement

在原沥青路面不满足结构强度要求的情况下，为提高路面整体承载能力，铺筑厚度不小于6cm 加铺层的养护措施。

2.1.14 局部加宽 partial widening

为改善局部线形、通行能力与服务水平而采取的局部路段加宽、弯道路段加宽、爬坡车道增设加宽、停车港湾增设加宽、城镇出入口路段加宽等养护措施。

2.2 符号

σ——黏结强度；

P——碎石封层或纤维封层的剥落率；

Q——碎石封层或纤维封层的覆盖率；

W——稀浆混合料的磨耗值。

3 基本规定

3.1 养护管理要求

3.1.1 沥青路面养护分为日常养护和养护工程。日常养护包括日常巡查、日常保养和日常维修；养护工程包括预防养护、修复养护、专项养护和应急养护。

3.1.2 沥青路面养护工作内容包括路况调查与评价、养护决策、日常养护、养护工程设计、养护工程施工、养护工程质量验收、跟踪观测和技术管理。

3.1.3 沥青路面路况调查与评价包括损坏调查、技术状况检测和技术状况评价，应定期进行技术状况检测与评价，及时更新公路路面技术状况数据信息。

3.1.4 应按公路养护科学决策的工作制度与方法进行沥青路面养护规划与年度计划编制。

3.1.5 沥青路面日常维修和养护工程应加强质量管理，严格实施过程质量控制，落实日常维修考核和养护工程验收制度。

3.1.6 沥青路面日常维修和养护工程宜进行跟踪观测，综合评价实施效果，并做好技术总结。

3.1.7 沥青路面养护工作内容实施过程的技术档案应进行管理与归档。

3.1.8 沥青路面养护作业安全应符合现行《公路养护安全作业规程》（JTG H30）和《公路工程施工安全技术规范》（JTG F90）的有关规定。

3.2 养护质量要求

3.2.1 沥青路面技术状况应满足下列要求：

1 公路网级沥青路面技术状况指数（PQI）应满足表 3.2.1-1 的要求。公路网级沥青路面技术状况指数（PQI）不满足表 3.2.1-1 的要求时，应合理安排养护计划，并采取综合养护措施，达到沥青路面技术状况要求。

表 3.2.1-1 公路网级沥青路面技术状况

路况指标	高速公路	一级及二级公路	三级及四级公路
PQI	≥90	≥85	≥80

2 每个基本单元沥青路面技术状况指数（PQI）及其分项指标应满足表 3.2.1-2 的要求。每个基本单元沥青路面技术状况指数（PQI）及其分项指标不满足表 3.2.1-2 的要求时，应安排日常维修、养护工程或改扩建工程，恢复沥青路面技术状况。

表 3.2.1-2 每个基本单元沥青路面技术状况

路况指标	高速公路	一级及二级公路	三级及四级公路
PQI	≥80	≥75	≥70
PCI	≥80	≥75	≥70
RQI	≥80	≥75	≥70
RDI	≥75	≥70	—
SRI	≥75	≥70	—

3 对于不满足表 3.2.1-2 中的要求但未实施养护的路段，或已列入养护工程和改扩建工程计划的路段，在工程实施前应采取维持性养护措施，保持沥青路面基本通行要求，并及时实施养护工程或改扩建工程。

3.2.2 沥青路面日常养护应满足下列质量要求：

1 沥青路面保持干净、整洁，及时清除杂物、积水。

2 及时发现并处治裂缝、坑槽、松散、沉陷、车辙等病害，与原路面接合的界面顺直、紧密、耐久，达到平整、美观等效果。

3 路缘石保持线条直顺、顶面平整、无缺失，具有良好的视线诱导与挡水引流效果。

4 路面障碍及时清理或报告，并做好沥青路面日常巡查、病害处治和障碍清理记录。

3.2.3 沥青路面养护工程验收质量检验评定标准应符合公路养护工程质量检验评定的有关规定。

3.3 预防养护

3.3.1 贯彻预防性养护理念，每年应对符合条件的沥青路面实施一定里程或比例的预防养护。

3.3.2 应根据公路等级、使用年限、路面技术状况、交通量大小及组成、气候条件等因素，合理确定沥青路面预防养护时机。

3.3.3 在预防养护时机确定的基础上，应设定预防养护目标，经过养护设计与方案比选，采取合适的预防养护措施。

3.3.4 沥青路面预防养护措施可选用封层、超薄罩面、薄层罩面等，其铺筑厚度应小于4cm。

3.3.5 沥青路面实施预防养护工程应满足下列要求：

1 封闭路面表面细小裂缝与裂隙，提高路面的防水性能。

2 防止路面表面松散，延缓沥青路面的老化。

3 提供表面磨耗层，提高路面的耐磨性能。

4 保持或提高路面的抗滑性能。

5 改善沥青路面表观效果。

3.4 修复养护

3.4.1 沥青路面修复养护工程应按年度养护计划实施。

3.4.2 应根据公路等级、路面技术状况、交通量大小、预期寿命等因素，合理确定沥青路面修复养护目标。

3.4.3 在修复养护目标确定的基础上，应根据沥青路面主导损坏类型、交通量大小及组成、气候与地质条件、施工可行性、技术经济性等因素，经过养护设计与方案比选，采取罩面、结构性补强等修复养护措施。

3.4.4 沥青路面实施修复养护工程应满足下列要求：

1 有效处治原路面或下承层的各类病害，并对病害处治进行动态设计。

2 保证与原路面或下承层、新旧界面的黏结防水及其搭接平顺。

3 工程实施后，路面技术状况各项指标接近或达到原路面设计标准。

3.5 应急养护

3.5.1 遵循“快速反应、有效抢险、及时处治、保障安全”的原则，应制订沥青路面应急抢险预案，建立应急抢险工作机制，合理配备应急抢险队伍、设备、物资等。

3.5.2 对影响通行安全的突发性沥青路面损毁，应启动应急预案，及时开展应急抢通、保通和抢修工作，安排灾后修复养护工程。

3.5.3 实施沥青路面应急养护时，应设置交通安全设施，需中断交通的应合理采取分流措施。

4 路况调查与评价

4.1 一般规定

4.1.1 每年应组织一次公路网级沥青路面技术状况指数（PQI）调查与评定。

4.1.2 每季度应组织一次用于指导日常养护的沥青路面损坏状况指数（PCI）调查与评价，遇特殊气候、突发灾害等情况，应加大调查频率。

4.1.3 对计划实施养护工程的路段，应在沥青路面技术状况指数（PQI）调查与评价基础上，补充专项数据调查，并进行详细的技术状况评价。

4.1.4 沥青路面损坏可分为裂缝、变形及其他三类共 11 种，其分类标准与计算方法应符合现行《公路技术状况评定标准》（JTG 5210）的有关规定，其损坏调查与技术状况评定按本规范附录 A 进行。

4.1.5 沥青路面技术状况用沥青路面技术状况指数（PQI）及其分项指标表示，PQI 及其分项指标的值域为 0～100。

4.1.6 沥青路面技术状况可分为“优、良、中、次、差”五个等级，沥青路面技术状况等级划分标准应符合现行《公路技术状况评定标准》（JTG 5210）的有关规定。

4.2 公路网级路况调查与评定

4.2.1 公路网级沥青路面技术状况调查与检测应按上行方向、下行方向或上下行一个方向，以连续桩号 1 000m 路段为一个基本单元，不足 1 000m 按一个基本单元计。

4.2.2 公路网级沥青路面技术状况评定应以 1 000m 路段为一个基本单元，不足 1 000m按一个基本单元计，同路况调查与检测的基本单元划分。

4.2.3 公路网级沥青路面技术状况调查与评定方法应按现行《公路技术状况评定标准》（JTG 5210）的有关规定执行。

4.3 日常养护路况调查与评价

4.3.1 日常养护的沥青路面技术状况调查与评价基本单元可根据生产安排、组织实施等实际需要细化。

4.3.2 日常养护的沥青路面技术状况调查与检测宜在自动化检测基础上，采用人工调查与设备检测相结合的方法，并应符合下列规定：

1 每季度组织一次技术状况调查与检测，日常巡查发现路况变化明显时，应增加技术状况调查与检测的频率。

2 人工调查主要针对路面损坏，其指标为路面破损率（DR）。

3 路面损坏采用人工调查时应丈量各类损坏的尺寸。同一位置存在不同路面损坏时，应按损坏权重最大的计算。调查包含所有行车道，紧急停车带按路肩处理。

4.3.3 沥青路面各类损坏调查与检测数据应进行分类汇总与统计，其结果反映每季度日常养护的工作成效，用于指导日常养护生产计划的安排。

4.3.4 日常养护的沥青路面技术状况评价方法应按现行《公路技术状况评定标准》（JTG 5210）的有关规定执行，其评价结果不影响公路网级沥青路面技术状况评定结果。

4.4 养护工程路况调查与评价

4.4.1 养护工程设计的沥青路面技术状况调查与评价基本单元应根据实际需要细化。

4.4.2 养护工程设计的沥青路面路况数据调查与检测应按现行《公路沥青路面养护设计规范》（JTG 5421）的有关规定执行。

4.4.3 沥青路面各类损坏调查与检测数据应进行分类汇总与统计分析，其结果作为养护工程设计和现场病害处治的依据。

4.4.4 养护工程设计的沥青路面技术状况评价方法应按现行《公路技术状况评定标准》（JTG 5210）的有关规定执行。

4.5 路况评价结果应用

4.5.1 公路网级沥青路面养护规划与年度计划应根据公路网级沥青路面技术状况指

数（PQI）的评定结果进行编制。

4.5.2 具体路段的沥青路面日常养护生产计划应根据沥青路面损坏状况指数（PCI）的调查与评价结果进行制订。

4.5.3 养护工程计划及养护对策应根据沥青路面技术状况指数（PQI）各分项指标的调查与评价结果进行制订。

4.5.4 对沥青路面技术状况指数（PQI）及其各分项指标均评价为“优、良”的路段，可进行日常养护、预防养护或修复养护；对任一分项指标评价为“中”及“中”以下的路段，应安排修复养护。

4.5.5 根据沥青路面技术状况指数（PQI）及其各分项指标的评价结果，宜进行长期使用性能跟踪观测，研究使用性能变化规律，合理制订现场病害处治和养护工程技术方案。

4.5.6 对影响通行安全的沥青路面损坏，应及时采取养护工程措施，并按本规范第3.5.3条的有关规定执行。

5 日常养护

5.1 一般规定

5.1.1 应编制日常养护年度计划，并根据养护质量要求及路况调查结果确定日常养护工作内容。

5.1.2 日常养护应及时做好工作记录，包括作业时间、作业内容、作业人员、完成的工作量等内容。

5.1.3 高速公路及一级公路日常养护应采用机械化作业方式，二级及二级以下公路日常养护也应逐步采用机械化作业方式，条件受限时可采用人工作业方式。

5.1.4 日常养护作业路段应满足基本通行要求，保障现场的养护作业安全。

5.2 日常巡查

5.2.1 在公路养护日常巡查工作制度中应明确沥青路面日常巡查工作内容。日常巡查频率每日不宜少于一次，其中高速公路每日不应少于一次，遇暴雨、台风、雨雪、冰冻等极端天气情况，应适当增加日常巡查的频率。

5.2.2 日常巡查应主要检查沥青路面病害，以及易诱发路面病害或影响通行的积水、积雪、积冰、污染物、散落物、路障等情况。

5.2.3 日常巡查宜采用乘车、骑行或步行巡查方式，乘车巡查过程中发现路面突发病害及异常情况时应停车辅助人工检查，并应符合下列规定：

1 巡查车辆的车身应有明显标识，配备导向闪光箭头，车顶宜安装带有黄闪标志的车辆闪光灯。

2 巡查人员应具备沥青路面相关专业知识，经过安全培训与作业交底，具备初步判别路面病害及处置突发情况的能力。巡查人员应穿戴安全标志服，配备简易量测工具及照相、移动数据终端等设备。

3 日常巡查车辆速度，高速公路及一级公路不宜大于60km/h，二级及二级以下公路不宜大于40km/h，应开启车辆闪光灯和闪光箭头。停车辅助人工检查时，可临时停靠在右侧紧急停车带或右侧路肩，巡查人员应在车辆前方快速完成检查作业后及时撤离。

4 日常巡查发现路面影响通行的障碍物或异常情况时，应及时采取措施进行清除与处理。危及行车安全的，应采取临时安全保障措施后再进行处理；不能立即清除的，应及时通知相关单位处理。

5.2.4 日常巡查应记录发现路面突发病害与异常情况信息，宜采用移动终端实时录入信息数据，并按信息管理系统功能将突发病害图片、有关说明等信息一并录入，巡查结束后应及时整理、汇总日常巡查记录，并录入相关信息管理系统。

5.2.5 日常巡查中发现重大情况应按相关规定及时报告。

5.3 日常保养

5.3.1 日常保养应包括下列主要工作内容：

1 清除路面泥土杂物、污染物、散落物等。

2 排除路面积水，疏通路面排水。

3 清除路面积雪、积冰、积沙等。

4 实施路面夏季洒水降温作业。

5.3.2 清扫作业应符合下列规定：

1 定期沿路幅右侧或左侧开展路面日常清扫作业，清扫频率应根据公路等级、交通量大小、路面污染情况确定，遇突发污染事件应及时开展路面特殊清扫作业。

2 路面清扫作业可采用机械清扫或人工清扫方式，高速公路及一级公路应以机械清扫方式为主，二级及二级以下公路可视实际情况采用合适方式进行清扫作业。

3 路面清扫作业应根据现场泥土杂物、清洁情况及通车状况选择不同功能的机械清扫设备，宜采用无尘清扫设备与工艺，机械清扫车辆应配备洒水及除尘设备，清扫作业时应根据路面扬尘程度确定适当的洒水量，减少扬尘。

4 机械清扫作业应避开交通量大的时段，不宜在影响正常交通的中间行车道和变换车道进行。对机械无法清扫的路面边角，应进行人工辅助清洁。

5 应根据实际情况适当加大桥梁桥面清扫频率，宜与桥面泄水孔、伸缩缝清理工作相结合，清扫时不得堵塞桥面泄水孔和伸缩缝。

6 隧道路面清扫宜在交通量较小时进行，并利用电子显示屏等设备做好安全作业提示。清扫宜采用无尘清扫作业方式，严禁扬尘。

7 沥青路面受油类物质或其他化学品污染时，应撒砂、木屑或采用化学中和剂处理后进行清扫，影响行车安全时，应采用水冲洗干净并进一步处治。

8　路面清扫后的垃圾、杂物等不得随意倾倒、堵塞边沟、阻挡路肩排水，应运至指定地点或垃圾场站妥善处理。

5.3.3　排水作业应符合下列规定：

1　定期检查路面排水和积水情况，应对一般路段、桥涵、隧道路面排水系统进行清理和疏通，保持排水功能正常、路面无积水。

2　汛期前对影响路面排水的设施应进行全线检查和疏通，雨天时应及时排除积水，汛期后应对排水设施进行全面检查和修复。

3　对沥青路面局部沉陷、横坡不适、拦水带开口设置不合理等原因导致的积水，应及时采取排除措施。

5.3.4　清除冰雪作业应符合下列规定：

1　根据当地历年气象记录资料、气象预测资料、路面结构、沿线环境条件等因素，应制订切合实际情况的除冰雪和防冻工作计划，以及适用于各种不同的气温、降雪量和积雪深度条件下的除冰雪和防冻作业规程，配备相应的除冰雪、防冻作业人员、材料和机具设备。

2　冬季降雪或下雨时，应及时掌握气象变化情况，出现降温、降雪时应按制订的工作方案及时进行除冰雪和防冻，并做好桥面、坡道、弯道、匝道、收费广场等重点路段的除冰雪和防冻措施。

3　除冰雪宜以机械作业为主，人工作业为辅。除雪机械的作业方向宜与正常行车方向一致，并从路面左侧向右侧或中间向两侧依次进行。降雪量较大，难以在降雪过程中清除全部积雪时，应在雪停后及时清除路面全部积雪。

4　路面上的压实雪、融化的雪水或未及时排除的雨水形成冰冻层时，应开展除冰与防滑作业，尤其是在大中桥、纵坡较大或平曲线半径较小路段，应做好防冰冻与防滑处理。

5　除冰雪撒布的融雪剂、防冰冻、防滑等材料宜采用环保型材料。应根据降雪情况确定撒布时机、方式与数量，及时清除路面积雪与残留物。

6　除冰雪和防冻作业可连续开展，作业现场必须实行统一指挥，并落实与作业形式相适应的安全作业措施和交通控制措施，夜间作业时可适当增设闪光设施、警示标志等。

5.3.5　夏季洒水降温作业应符合下列规定：

1　了解当地气象温度相关资料，掌握沥青路面表面温度变化规律，应制订切合实际情况的夏季洒水降温工作计划和作业规程。

2　洒水降温作业宜采用机械方式，洒水车辆车身应有明显标识，配备导向闪光箭头，车顶宜安装带有黄闪标志的车辆闪光灯。

3　夏季连续三天最高气温达到35℃及以上，沥青路面表面温度达到60℃及以上时，对于易发生车辙、波浪拥包的路段及上坡、弯道、桥面铺装、重载交通等路段，宜进行洒水降温作业，或进行交通管制。

4 夏季洒水降温作业时，宜选在每天 12：00 ~ 15：00 时间段进行。洒水车辆应行驶在路面右侧位置。其行驶速度，高速公路及一级公路不宜大于 60km/h，二级及二级以下公路不宜大于 40km/h。

5.4 日常维修

5.4.1 日常维修工作计划应根据沥青路面损坏状况调查与评价以及日常巡查记录结果按月度进行编制。

5.4.2 沥青路面日常维修应按工作计划进行，并根据日常维修工作记录信息适时进行日常维修质量评价与反馈。

5.4.3 应分析沥青路面各类损坏与病害产生的原因，并根据路面结构类型、使用年限、处治季节、气温等实际情况，采取相应的病害处治措施。

5.4.4 应推行沥青路面病害发现、信息上报、处治审批与下达、现场处治与上报、审核与计量、效果评价等处治闭环管理。

5.4.5 各类病害处治应按本规范第 6 章的有关规定执行。

6 病害处治

6.1 一般规定

6.1.1 沥青路面出现的裂缝、坑槽、车辙、沉陷、波浪拥包、松散、泛油等病害应及时进行处治，防止路面病害发展与扩大。

6.1.2 因路基或基层局部强度不足、松散、碎裂等原因形成的沥青路面病害，应在处治好路基或基层病害后，进行沥青面层处治。

6.1.3 病害处治方案应根据病害类型、范围与严重程度确定，做好材料、设备和施工准备，进行病害精细处治，达到可靠、耐久、经济、美观的处治效果。

6.1.4 病害修补面积应大于病害实际面积，修补范围的轮廓线应与路面中心线平行或垂直，并在病害修补的边缘部位采取涂覆黏层材料、贴缝胶、界面加热等措施，保证修补部分与原路面界面黏结牢固、有效防水。

6.1.5 因修补不良造成修补区再次损坏，应分析诊断修补不良产生再次损坏的原因，进行根治，保证再次修补的质量。

6.1.6 对坑槽、车辙、沉陷等需将原路面沥青面层挖除或铣刨后进行修补作业的病害，宜随挖随补。

6.2 裂缝的处治

6.2.1 裂缝处治时机应根据裂缝类型特点、严重程度及原因确定，并采取适宜的处治措施，及时进行裂缝封闭。

6.2.2 裂缝处治可采用灌缝、贴缝、带状挖补方式，或进行组合使用。灌缝材料宜采用密封胶；贴缝材料可采用热粘式贴缝胶和自粘式贴缝胶，其工艺可分为直接贴缝和灌缝后贴缝。

6.2.3 裂缝处治材料应符合下列规定：

1 密封胶可分为高温型、普通型、低温型、寒冷型和严寒型五类，分别适用于最低气温不低于0℃、-10℃、-20℃、-30℃、-40℃的地区，其技术要求应符合现行《路面加热型密封胶》（JT/T 740）的有关规定。

2 贴缝胶可分为普通型、低温型、寒冷型和严寒型四类，分别适用于最低气温不低于-10℃、-20℃、-30℃、-40℃的地区，其技术要求应符合现行《路面裂缝贴缝胶》（JT/T 969）的有关规定。

6.2.4 灌缝处治工艺应符合下列规定：

1 应根据路面裂缝的具体情况确定开槽灌缝的尺寸，宽度×深度宜为12mm×12mm、12mm×18mm、15mm×15mm或15mm×20mm。

2 采用开槽机、灌缝机、清干机等专用灌缝设备，应按开槽、清洁、干燥、灌缝与养生工艺流程进行作业。

3 灌缝成型应饱满，灌缝材料性能稳定后才可开放交通。

4 施工环境温度应高于5℃，在路面表面干燥状态下施工。

6.2.5 贴缝处治工艺应符合下列规定：

1 贴缝前应将路面裂缝及其两侧各20cm表面范围内的泥土杂物、污染物、散落物等清理干净，无凸起、凹陷、松散，保证裂缝作业面平整。

2 贴缝胶应从裂缝一端粘贴，其长度不小于整条裂缝长度，贴缝胶应处于裂缝中间部位；遇不规则裂缝，可将贴缝胶断开，按裂缝的走向跟踪粘贴；贴缝胶结合处形成80~100mm的重叠。

3 贴缝完成后宜采用贴缝机、铁滚等进行碾压，达到贴缝无气泡、皱褶，保证贴缝胶与路面充分结合、黏结紧密，检查确认后开放交通。

4 施工环境温度应高于5℃，在路面表面干燥状态下施工。

6.2.6 裂缝处治后出现明显变形、唧泥等破坏的，应采用带状挖补方法进行彻底处理，对损坏的基层宜采用大粒径透水性沥青混合料进行回填处理，面层应采用与原沥青面层相同的材料进行修补，并做好纵横向排水处理措施。

6.2.7 重度局部块裂、龟裂应按坑槽修补方法进行。

6.3 坑槽的处治

6.3.1 应根据坑槽病害类型、严重程度及原因，采取合理措施及时进行修补。

6.3.2 坑槽可采用就地热修补、热料热补、冷料冷补等方式，坑槽修补应符合下列规定：

1 坑槽修补材料应具有足够的强度以及良好的高低温性能、抗水损坏和老化性能。

2 应按“圆洞方补、斜洞正补”的原则，确定路面坑槽破损的边界。坑槽修补轮廓线与行车方向平行或垂直，并超过坑槽破损边界 10 ~ 15cm。

3 坑槽处治至损坏的最底部，修补后新填补部分应略高于原沥青路面。

4 雨季和多雨地区，应对路面坑槽修补接缝处进行封缝处理。

5 坑槽修补完成后，应清理作业区域，开放交通。

6.3.3 坑槽就地热修补工艺应符合下列规定：

1 采用热修补养护车等专用设备，适用于坑槽深度不大于 6cm。

2 按路面坑槽修补轮廓线，将加热板调整到合适的位置，加热沥青面层至可耙松的状态。

3 将加热的沥青面层耙松、切边，并铲除不可利用的旧沥青混合料，坑槽表面和周围喷洒乳化沥青等黏结材料，加入新的热料，并充分摊铺、整平。

4 用压路机由边部向中间反复压实，使其达到要求的压实度。

5 压实完成后，新修补路面喷洒适量乳化沥青。

6 坑槽就地热修补原材料、沥青混合料及施工技术要求应符合现行《公路沥青路面再生技术规范》（JTG F41）的有关规定。

6.3.4 坑槽热料热补工艺应符合下列规定：

1 沿坑槽修补轮廓线切割开挖或铣刨至坑底的不渗水稳定处，其深度不得小于坑槽的最大深度，坑槽较深时应按原沥青面层分层开挖，层间形成阶梯搭接，搭接宽度不小于 20cm。

2 清理掉路面坑槽内的松散沥青混合料，达到底部平整、坚实，壁面与公路平面垂直，坑槽底面和壁面清洁、完全干燥、无松散料。

3 路面坑槽底面和壁面喷洒、涂覆乳化沥青等黏结材料，黏结材料应具有较高的黏结性、黏附性、弹性和延展性。

4 采用专用设备对热料进行保温加热，并按开凿的层次分层填入热料，逐层整平、压实，保证修补质量。

5 坑槽热料热补原材料、沥青混合料及施工技术要求应符合现行《公路沥青路面施工技术规范》（JTG F40）的有关规定。

6.3.5 坑槽冷料冷补工艺应符合下列规定：

1 清理掉坑槽内的松散沥青混合料，必要时沿坑槽修补轮廓线同热料热补工艺进行开挖、清理，路面坑槽底面和壁面喷洒、涂覆乳化沥青等黏结材料。

2 向坑槽内填入冷补材料，并摊铺、整平均匀，保证坑槽周边材料充足，采用平板夯、夯锤或振动式压路机进行压实，使其达到要求的压实度。

3　坑槽冷补材料技术要求应符合现行《沥青路面坑槽冷拌修补材料　SBS 沥青液》（JT/T 530）的有关规定。

6.4　车辙的处治

6.4.1　应根据车辙病害类型、范围、严重程度及原因，合理确定采取局部车辙处治或大范围直接填充、就地热再生、铣刨重铺等措施。

6.4.2　局部车辙处治可采用微表处填充，也可采用坑槽等病害综合热修补车进行现场加热、耙松、补料与压实处理，还可采取局部铣刨重铺措施。

6.4.3　车辙直接填充材料可采用微表处，也可采用热拌或温拌沥青混合料、高模量沥青混合料、功能性罩面材料等。

6.4.4　车辙就地热再生原材料、沥青混合料及施工技术要求应符合现行《公路沥青路面再生技术规范》（JTG F41）的有关规定。

6.4.5　车辙铣刨重铺材料可采用热拌、温拌或冷拌沥青混合料、高模量沥青混合料、功能性罩面材料等。

6.4.6　车辙处治措施可按表 6.4.6 选用。

表 6.4.6　车辙处治措施选用

车辙深度 RD	直 接 填 充	就地热再生	铣 刨 重 铺
RD≤15mm	√	△	△
15 < RD≤30mm	△	√	√
RD > 30mm	×	△	√

注：√——推荐，△——可选，×——不推荐。

6.4.7　车辙处治所用的原材料、混合料设计、施工工艺、设备要求与质量控制应按现行《公路沥青路面施工技术规范》（JTG F40）和本规范第 8.4 节、第 9.3 节、第 9.4 节的有关规定执行。

6.5　沉陷的处治

6.5.1　沉陷处治技术措施和结构层位应根据沉陷病害类型、发生部位、严重程度及原因合理确定。

6.5.2　因基层局部强度不足或松散造成的路面沉陷，应铣刨或挖除沥青面层，处理好基层后，重铺沥青面层。

6.5.3 因路基不均匀沉降引起的路面沉陷，根据路面破损状况可采取下列处治措施：

1 路面略有下沉、无破损或仅有少量轻微裂缝时，可在沉陷部位喷洒黏层沥青，用沥青混合料将沉陷部分填补，并压实、整平。

2 路面出现较大范围的不均匀下沉时，可对沉陷路段两端衔接部位各 10m 范围内分层、分台阶铣刨沥青面层，纵向台阶搭接宽度不宜小于 30cm，横向台阶搭接宽度不宜小于 20cm，清理干净下承层，喷洒黏层沥青，在侧壁涂覆乳化沥青后，分层重铺沥青面层。

3 路基密实稳定、不再继续下沉后，进行沥青面层处治。

6.5.4 桥涵台背因回填材料选择不适、压实不足等原因引起路面不均匀沉降，可采取下列处治措施：

1 台背回填材料选择不适的，宜采用强度高、透水性好且级配合理的材料进行换填处理。

2 台背回填压实不足的，可采用重新压实处理，台背死角处采用夯实机械进行压实。

3 采用台背注浆进行加固处理。

4 铣刨或挖除沥青面层，在沉陷部分加铺基层后，重铺沥青面层。

5 直接按沉陷病害进行处治。

6.6 波浪拥包的处治

6.6.1 根据波浪拥包病害类型及产生原因，可采用局部铣刨、局部铣刨重铺、就地热再生、整体铣刨重铺等处治方式，重铺材料可采用热拌、冷拌或温拌沥青混合料、功能性罩面材料等。

6.6.2 因沥青面层引起不同程度的路面波浪拥包，可采用下列方法进行处治：

1 在波谷部位喷洒沥青，均匀撒布适当粒径的矿料，找平并压实。

2 采用机械铣刨方法铣平波浪拥包的鼓起部分，必要时采用冷拌或温拌沥青混合料进行摊铺与压实。

3 采用就地热再生进行处治。

4 铣刨或挖除沥青面层，重铺沥青面层。

6.6.3 因沥青面层与基层之间存在不稳定的夹层引起的波浪拥包，应铣刨或挖除沥青面层，清除不稳定的夹层后，喷洒黏层沥青，重铺沥青面层。

6.6.4 因基层引起的路面波浪拥包，可采用下列方法进行处治：

1 因基层局部强度不足、稳定性差、局部松散等原因引起的波浪拥包，铣刨或挖除沥青面层，处治或重做基层后，重铺沥青面层。

2 因基层局部积水使面层与基层间结合不良、水稳定性不好等原因引起的波浪拥包，铣刨或挖除沥青面层，晾晒干基层表面水分并增设排水盲沟，或清除基层用水稳定性较好的材料更换基层后，重铺沥青面层。

6.7 松散的处治

6.7.1 松散处治时机应根据松散病害类型、严重程度及原因合理确定，并采取可行的技术措施。

6.7.2 因施工不良造成的路面麻面松散，可采用下列方法进行处治：

1 将路面上已松动的矿料收集起来，将残留在麻面松散层上的浮料清扫干净，喷洒沥青用量为 0.8 ~ 1.0kg/m^2 的封层油，再按用量为 5 ~ 8m^3/1 000m^2 撒布 3 ~ 5mm 粒径的碎石或粗砂，用轻型压路机压实。

2 将路面麻面松散部分进行铣刨重铺，或采用就地热再生进行处治。

6.7.3 因沥青老化造成的路面麻面松散，可采取封层养护措施进行处治，并符合本规范第 8 章的有关规定，也可采用就地热再生进行处治，还可采用铣刨或挖除松散部分后重铺沥青面层。

6.7.4 因沥青与酸性石料间的黏附性不良造成的路面麻面松散，可铣刨或挖除松散部分，重铺沥青面层，其矿料不宜使用酸性石料。在缺乏碱性石料的地区，应在沥青中掺入抗剥离剂、增黏剂或使用干燥的消石灰、水泥等表面活性物质作为填料的一部分，或采用石灰浆处理粗集料等抗剥离措施。

6.8 泛油的处治

6.8.1 泛油处治时机应根据泛油病害类型、严重程度及原因合理确定，并采取可行的技术措施。

6.8.2 出现轻微泛油时，可撒布 3 ~ 5mm 粒径的碎石或粗砂，并采用压路机或行车碾压。

6.8.3 出现重度泛油，未发生沥青的迁移现象时，可采用下列方法进行处治：

1 先撒布 5 ~ 10mm 粒径的碎石，后采用压路机碾压，待稳定后，再撒布 3 ~ 5mm

粒径的碎石或粗砂，采用压路机或行车碾压。

2　先撒布10～15mm粒径或更大粒径的碎石，后采用压路机强力压入路面，待稳定后，再撒布5～10mm或3～5mm粒径的碎石，采用压路机或行车碾压。

3　将路面表面1～2cm的富油沥青层铣刨后，铺筑1～2cm的微表处、超薄罩面或薄层罩面。

6.8.4　因沥青面层的沥青用量偏高、矿料级配偏细或混合料空隙率偏低引起的路面泛油，可采用碎石封层、就地热再生、铣刨泛油面层后重铺等方式。

6.8.5　因沥青混合料水稳定性不良、空隙率偏大引起的沥青向上迁移型泛油，而沥青中、下面层的沥青含量低，混合料处于松散状态，存在结构性破坏时，可采用铣刨沥青面层、重新铺筑处治方式。

7 养护工程设计要求

7.1 一般规定

7.1.1 沥青路面预防养护、修复养护和应急养护中涉及修复养护的工程，应进行养护工程设计。专项养护工程沥青路面设计可根据工程技术特点进行。

7.1.2 沥青路面养护工程宜采用一阶段施工图设计；对于技术特别复杂的，可采用技术设计和施工图设计两阶段设计。应急养护和技术简单的养护工程可采用技术方案设计，并按技术方案组织实施。

7.1.3 沥青路面养护工程设计应按现行《公路沥青路面养护设计规范》（JTG 5421）的有关规定执行。

7.2 病害诊断与养护对策选择

7.2.1 沥青路面养护工程设计的养护对策应在开展专项数据调查、确定病害发展层位、诊断病害产生原因、判断病害发展趋势后进行选择。

7.2.2 病害原因诊断应综合考虑路况专项检测数据、交通荷载、气候环境、施工质量等因素。

7.2.3 养护对策选择应最大限度利用既有路面结构，并对路面结构层中的病害进行处治。

7.3 技术设计

7.3.1 对于技术特别复杂的沥青路面养护工程应进行技术设计，包括路面结构组合设计、结构厚度验算、养护方案综合比选等内容。

7.3.2 技术方案应根据沥青路面养护工程类型，结合设计年限、交通量分析结果和当地实际情况等因素进行综合比选与推荐。

7.3.3 沥青路面养护工程方案确定后，应根据便于施工、经济合理的原则进行路段优化合并。

7.4 施工图设计

7.4.1 应在沥青路面养护工程施工图设计相关资料与数据调查后，根据优化方案进行施工图设计。

7.4.2 沥青路面养护工程施工图设计应包括材料组成设计、路面结构力学验算、排水设计、交通组织设计、其他设计等内容。

7.4.3 沥青路面养护工程施工图设计完成后，应参照现行《公路工程基本建设项目设计文件编制办法》的要求编制施工图设计文件。

8 封层

8.1 一般规定

8.1.1 封层适用于有轻微病害、存在病害隐患或尚未出现病害，路面技术状况优良以上且结构强度满足要求的沥青路面，可作为预防养护措施。

8.1.2 封层包括含砂雾封层、稀浆封层、微表处、碎石封层、纤维封层、复合封层等措施，各等级公路适用的封层预防养护措施可按表 8.1.2 选用。

表 8.1.2 各等级公路适用的封层预防养护措施

公路等级	含砂雾封层	稀浆封层	微表处	碎石封层	纤维封层	复合封层
高速公路	√	×	√	×	×	√
一级公路	√	×	√	△	△	√
二级公路	√	√	√	√	√	√
三级公路	√	√	△	√	√	√
四级公路	√	√	△	√	√	√

注：√——推荐，△——可选，×——不推荐。

8.1.3 封层预防养护措施应根据路面技术状况及损坏类型、交通量大小及组成、气候条件、外观质量要求、工程经验等因素合理确定。

8.1.4 针对特殊路段的沥青路面抗滑性能要求，宜选用微表处、碎石封层、纤维封层、复合封层等封层措施，并保证具有良好的抗滑性能及耐久性。

8.1.5 封层施工应采用机械化作业方式，施工前彻底清除原路面的泥土、杂物，保持原路面干净、干燥，并按本规范第 6 章的有关规定处治原路面病害。

8.2 含砂雾封层

8.2.1 含砂雾封层适用于表面有松散麻面、渗水、沥青老化且抗滑性能较好的沥青路面，但不适用于由酸性岩石、鹅卵石等破碎集料铺筑的沥青路面，其适用的各等级公路路况水平应符合表 8.2.1 的规定。

表 8.2.1　含砂雾封层适用的各等级公路路况水平

路况指数	高速公路	一级及二级公路	三级及四级公路
PCI、RQI、RDI	≥90	≥88	≥85
SRI	≥75	≥70	—

8.2.2　含砂雾封层材料应符合下列规定：

1　含砂雾封层胶结料可采用乳化沥青基或煤焦油基，并掺加聚合物、矿物等成分的黏结性材料，具有良好的还原、渗透和抗老化性能，且具有与砂良好的黏附性，应符合表 8.2.2 的规定。

表 8.2.2　含砂雾封层胶结料技术要求

检测指标	技术要求	试验方法
残留物含量（%）	≥56	附录 B.1
干燥时间（h）	≤2（60℃）/6（20℃）	附录 B.2
黏结强度（MPa）	≥0.15	附录 B.3
布氏黏度（25℃，Pa·s）	≥2.5	T0625

2　含砂雾封层细粒砂可采用石英砂、金刚砂或机制砂，机制砂宜采用专用的制砂机制造，并选用优质的玄武岩生产，细粒砂的细度应为 30～50 目。

3　含砂雾封层施工时可掺入一定比例的水，并符合三类及三类以上水质标准。

4　含砂雾封层可掺入具有路面夏季降温、冬季融冰功能的添加材料，其掺入不应对含砂雾封层材料性能产生不利影响，未经试验验证的添加材料不得使用。

8.2.3　对含砂雾封层混合料组成应进行设计，并按本规范附录 B.4～B.6 试验方法进行使用性能检验。

8.2.4　含砂雾封层混合料的洒布量应根据原路面技术状况、表面致密程度、粗糙度大小、路面渗水、松散麻面情况合理确定，并应符合下列规定：

1　表面致密、轻微渗水、轻度松散麻面的路面，可减少含砂雾封层混合料的洒布量，并采用单层洒布，其洒布量应为 0.9～1.2kg/m^2。

2　表面粗糙、较重渗水、空隙率较大、重度松散麻面且贫油的路面，应增加含砂雾封层混合料的洒布量，并采用双层洒布，其洒布量应为 1.2～1.8kg/m^2，其中第一层洒布量为 0.7～1.0kg/m^2，第二层洒布量为 0.5～0.8kg/m^2。

8.2.5　含砂雾封层应采用专用的洒布设备喷洒，并在喷洒时保持稳定速度和洒布量，保证洒布宽度喷洒均匀，并应符合下列规定：

1　洒布设备的喷嘴应适用于喷洒材料的稠度，确保成雾状，与洒油管保持 15°～

25°的夹角，洒油管的高度应使同一地点接受2～3个喷油嘴的喷洒，不得出现花白条或条状，也不得有堆积。

2 喷洒不足的应补洒，喷洒过量处应予清除。洒布车不易到达的部位，可采用人工喷洒。

8.2.6 含砂雾封层喷洒的起点和终点位置宜预铺油毛毡，保证边缘整齐。为避免污染标线，应在施工前对道路人工构造物、路缘石、标线等外露部分作防污染遮盖，不得在气温低于10℃、雨天、路面潮湿情况下施工。

8.2.7 含砂雾封层的养生时间应根据材料的品种和气候条件确定，未干燥成型前严禁车辆和行人通行，待干燥后方可开放交通。

8.2.8 含砂雾封层施工中应对其混合料和现场质量进行抽样检测，检测项目、检测频率、质量要求及检测方法应符合表8.2.8的规定。

表8.2.8 含砂雾封层施工过程控制要求

检测项目	检测频率	质量要求或允许偏差	检测方法
稳定性（%）	1次/车	≤15	附录B.4
耐磨性（g/m^2）	1次/3个工作日	≤600	附录B.5
外观	全线连续	表面喷洒均匀，无积聚	目测
洒布量（kg/m^2）	1次/工作日	±0.1	T0982

8.2.9 含砂雾封层施工的工程验收标准应符合表8.2.9的规定。

表8.2.9 含砂雾封层施工的工程验收标准

检测项目		检测频率	质量要求或允许偏差	检测方法
渗水系数（mL/min）		5个点/km	≤10	T0971
抗滑性能	摆值 F_b（BPN）	5个点/km	不低于原路面	摆式仪：T0964
	构造深度TD	5个点/km	（$TD_{施工前}-TD_{施工后}$）/$TD_{施工前}$≤20%	T0961
宽度（mm）		5个点/km	不小于设计值	钢卷尺法

8.3 稀浆封层

8.3.1 稀浆封层适用于二级及二级以下公路沥青路面，其适用的各等级公路路况水平应符合表8.3.1的规定。

表 8.3.1　稀浆封层适用的各等级公路路况水平

路况指数	二级公路	三级及四级公路
PCI、RQI、RDI	≥85	≥80

8.3.2　稀浆封层材料应符合下列规定：

1　稀浆封层可采用乳化沥青，其技术指标应符合表 8.3.2-1 的规定。

表 8.3.2-1　稀浆封层用乳化沥青技术要求

检测指标		单位	BC-1	BA-1	试验方法
筛上剩余量（1.18mm 筛）		%	≤0.1	≤0.1	T0652
电荷		—	阳离子正电（+）	阴离子负电（-）	T0653
恩格拉黏度 E_{25}		—	2~30	2~30	T0622
沥青标准黏度 $C_{25,3}$[a]		s	10~60	10~60	T0621
蒸发残留物含量		%	≥55	≥55	T0651
蒸发残留物性质	针入度（100g，25℃，5s）	0.1mm	45~150	45~150	T0604
	延度（15℃）	cm	≥40	≥40	T0605
	溶解度（三氯乙烯）	%	≥97.5	≥97.5	T0607
储存稳定性[b]	1d	%	≤1	≤1	T0655
	5d	%	≤5	≤5	

注：[a]乳化沥青黏度以恩格拉黏度为准，条件不具备时也可采用沥青标准黏度。

[b]储存稳定性根据施工实际情况选择试验天数，通常采用 5d，乳化沥青生产后能在第二天使用完时也可选用 1d。

2　稀浆封层矿料可采用不同规格的粗细集料、矿粉等掺配而成，粗集料应选择坚硬、粗糙、耐磨、洁净的集料，细集料宜采用碱性石料生产的机制砂，其技术指标应满足表 8.3.2-2 的规定。

表 8.3.2-2　稀浆封层用矿料质量要求

材料名称	检测指标	单位	质量要求[a]	试验方法	备注
粗集料	石料压碎值，不大于	%	28	T0316	—
	洛杉矶磨耗损失，不大于	%	30	T0317	—
	石料磨光值，不小于	BPN	—	T0321	—
	坚固性，不大于	%	12	T0314	—
	针片状颗粒含量，不大于	%	18	T0312	—
细集料	坚固性，不大于	%	—	T0340	>0.3mm 部分
	砂当量，不小于	%	50	T0334	合成矿料中<4.75mm 部分

注：[a] 稀浆封层用于四级公路时，粗细集料的质量要求可参照现行《公路沥青路面施工技术规范》（JTG F40）适当放宽。

3　稀浆封层填料可采用矿粉、水泥、消石灰等，应干燥、疏松，无结团，并符合现行《公路沥青路面施工技术规范》（JTG F40）的有关规定。

4　稀浆封层添加剂可采用无机盐类添加剂、有机类添加剂等，添加剂的掺加不得对混合料性能产生不利影响，未经试验验证的添加剂不得在施工中采用。

5　稀浆封层施工时可掺入一定比例的水，并符合三类及三类以上水质标准。

8.3.3　稀浆封层混合料类型应根据使用要求、原路面状况、交通量、气候条件等因素选择，并进行混合料配合比设计、路用性能试验和设计参数的测试，根据试验结果确定混合料配合比。

8.3.4　按矿料粒径的不同，稀浆封层混合料可分为 ES-1 型、ES-2 型和 ES-3 型，ES-3型稀浆封层适用于二级公路沥青路面预防养护和新建、改扩建公路沥青路面下封层，ES-2 型稀浆封层适用于二级及二级以下公路沥青路面预防养护和新建、改扩建公路沥青路面下封层，ES-1 型稀浆封层适用于三级及四级公路沥青路面预防养护。稀浆封层混合料的矿料级配范围应符合表 8.3.4 的规定。

表 8.3.4　稀浆封层混合料的矿料级配范围

级配类型	通过下列筛孔（mm）的质量百分率（%）							
	9.5	4.75	2.36	1.18	0.6	0.3	0.15	0.075
ES-1		100	90～100	65～90	40～65	25～42	15～30	10～20
ES-2	100	90～100	65～90	45～70	30～50	18～30	10～21	5～15
ES-3	100	70～90	45～70	28～50	19～34	12～25	7～18	5～15
波动范围	—	±5	±5	±5	±5	±4	±3	±2

注：填料计入矿料级配。

8.3.5　稀浆封层混合料的使用性能应符合表 8.3.5 的规定。

表 8.3.5　稀浆封层混合料的使用性能要求

检测指标	单位	使用性能要求		试验方法
		快开放交通型	慢开放交通型	
可拌和时间（25°C），不小于	s	120	180	T0757
黏聚力试验，不小于 30min（初凝时间） 60min（开放交通时间）	N·m	1.2 2.0[a]	— —	T0754
负荷车轮黏附砂量，不大于	g/m^2	450[b]		T0755
浸水 1h 湿轮磨耗，不大于	g/m^2	800		T0752

注：[a]至少为初级成型。

[b]用于轻交通量公路沥青路面预防养护时，可不作黏附砂量指标的要求。

8.3.6　稀浆封层的施工气温不得低于 10℃，路面温度和气温均在 7℃ 以上并继续上升，允许施工；施工后 24h 内可能产生冻结，不得施工；严禁在雨天施工，摊铺后未成型混合料遇雨，应在雨后及时进行检查，如有局部轻度损坏，待路面干硬后，采用人工修补；如损坏较严重，应在路面强度较低的情况下，将雨前摊铺层铲除，重新摊铺。

8.3.7　稀浆封层应采用稀浆封层车作业方式，摊铺时应拌和充分、摊铺均匀、速度稳定，宜采用自卸车供料，乳化沥青、水、添加剂等可采用专用罐车，保证供料及时和连续生产。

8.3.8　稀浆封层已摊铺的稀浆混合料不应有过量的水分和乳化沥青，也不应发生乳化沥青与集料分离的现象。摊铺专用机械不能到达的地方，应用人工刮板封层，且应确保表面平整，保持与摊铺效果相同。

8.3.9　稀浆封层两幅的纵缝搭接宽度不宜大于80mm，宜设置在车道线处，横向接缝宜做成对接缝，用3m直尺测量接缝处的不平整度不应大于6mm。

8.3.10　稀浆封层铺筑后不得有超粒径料拖拉的严重划痕，横向接缝和纵向接缝处不得出现余料堆积或缺料现象。养护成型期内严禁车辆和行人进入，为加快开放交通时间，可在稀浆混合料初凝后使用胶轮压路机碾压。经养生和初期交通碾压稳定的稀浆封层，在行车作用下应不飞散且完全密水。

8.3.11　稀浆封层施工中应对稀浆混合料和现场质量进行抽样检测，检测项目、检测频率、质量要求及检测方法应符合表8.3.11的规定。

表8.3.11　稀浆封层施工过程控制要求

检测项目	检测频率	质量要求	检测方法
稠度	1次/100m	适中	经验法
沥青用量	1次/工作日	施工配合比的沥青用量±0.2%	T0722、总量检验法
矿料级配	1次/工作日	满足施工配合比的矿料级配要求[a]	T0725、总量检验法
浸水1h湿轮磨耗	1次/7个工作日	≤800g/m^2	T0752
外观	全线连续	表面平整、均匀，无离析，无划痕	目测
横向接缝	每条	对接，平顺	目测
边线	全线连续	任一30m长度范围内的水平波动不得超过±50mm	目测或用尺量法

注：[a]矿料级配满足施工配合比的矿料级配要求，是指矿料级配不超出相应级配类型要求的各筛孔通过率的上下限，且以施工配合比的矿料级配为基准，实际级配中各筛孔通过率不超过表8.3.4规定的允许波动范围。

8.3.12　稀浆封层施工的工程验收标准应符合表8.3.12的规定。

表 8.3.12　稀浆封层施工的工程验收标准

检测项目		检测频率	质量要求或允许偏差	检测方法
厚度（mm）	均值	5 个断面/km	不小于设计值	T0912，每个断面挖坑 3 点
	合格值		设计厚度 -10%	
渗水系数（mL/min）		5 个点/km	≤10	T0971
纵向接缝高差（mm）		全线连续	≤6	3m 直尺法
抗滑性能	摆值 F_b（BPN）	5 个点/km	符合设计要求	摆式仪：T0964
	构造深度（mm）	5 个点/km		T0961
宽度（mm）		5 个点/km	不小于设计值	钢卷尺法

8.4　微表处

8.4.1　微表处适用于二级及二级以上公路、需要改善抗滑等使用性能的沥青路面，其适用的各等级公路路况水平应符合表 8.4.1 的规定。

表 8.4.1　微表处适用的各等级公路路况水平

路况指数	高速公路	一级及二级公路
PCI、RQI	≥85	≥80

8.4.2　微表处材料应符合下列规定：

1　微表处应采用阳离子型改性乳化沥青，改性剂剂量（改性剂有效成分占纯沥青的质量百分比）不宜小于 3%，其技术指标应符合表 8.4.2-1 的规定。

表 8.4.2-1　微表处用改性乳化沥青技术要求

检测指标		单位	BCR	试验方法
筛上剩余量（1.18mm 筛）		%	≤0.1	T0652
电荷		—	阳离子正电（+）	T0653
恩格拉黏度 E_{25}		—	3～30	T0622
沥青标准黏度 $C_{25,3}$[a]		s	12～60	T0621
蒸发残留物含量		%	≥60	T0651
蒸发残留物性质	针入度（100g，25℃，5s）	0.1mm	40～100	T0604
	软化点	℃	≥53[b]	T0606
	延度（5℃）	cm	≥20	T0605
	溶解度（三氯乙烯）	%	≥97.5	T0607
储存稳定性[c]	1d	%	≤1	T0655
	5d	%	≤5	

注：[a]改性乳化沥青黏度以恩格拉黏度为准，条件不具备时也可采用沥青标准黏度。

[b]南方炎热地区、重载交通道路及用于填补车辙时，蒸发残留物的软化点应不低于 57℃。

[c]储存稳定性根据施工实际情况选择试验天数，通常采用 5d，改性乳化沥青生产后能在第二天使用完时也可选用 1d。个别情况下改性乳化沥青 5d 的储存稳定性难以满足要求，如果经搅拌后能够达到均匀一致并不影响正常使用，此时要求改性乳化沥青运至工地后应存放在附有循环或搅拌装置的储存罐内，并进行循环或搅拌，否则不准使用。

2 微表处矿料可采用不同规格的粗细集料、矿粉等掺配而成，粗集料应选择坚硬、粗糙、耐磨、洁净的集料，细集料宜采用碱性石料生产的机制砂，其技术指标应满足表8.4.2-2的规定。

表8.4.2-2 微表处用矿料质量要求

材料名称	检测指标	单位	质量要求	试验方法	备注
粗集料	石料压碎值，不大于	%	26	T0316	
	洛杉矶磨耗损失，不大于	%	28	T0317	
	石料磨光值，不小于	BPN	42	T0321	
	坚固性，不大于	%	12	T0314	
	针片状颗粒含量，不大于	%	15	T0312	
细集料	坚固性，不大于	%	12	T0340	>0.3mm部分
	砂当量，不小于	%	65	T0334	合成矿料中<4.75mm部分

3 微表处填料可采用矿粉、水泥、消石灰等，应干燥、疏松，无结团，并符合现行《公路沥青路面施工技术规范》（JTG F40）的有关规定。

4 微表处添加剂可采用无机盐类添加剂、有机类添加剂等，添加剂的掺加不得对混合料性能产生不利影响，未经试验验证的添加剂不得在施工中采用。

5 掺入微表处的纤维类型可选用玻璃纤维、聚酯纤维、矿物纤维或玄武岩纤维，状态为卷轴式纤维盘，长度为6mm、8mm或12mm。

6 同步微表处黏层材料应采用符合现行《公路沥青路面施工技术规范》（JTG F40）规定的改性乳化沥青，其蒸发残留物含量不应小于62%。

7 微表处施工时可掺入一定比例的水，并符合三类及三类以上水质标准。

8.4.3 微表处混合料类型应根据使用要求、原路面状况、交通量、气候条件等因素选择，并进行混合料配合比设计、路用性能试验和设计参数的测试，根据试验结果确定混合料配合比。

8.4.4 按矿料粒径的不同，微表处混合料可分为MS-2型和MS-3型，MS-3型微表处适用于高速公路及一级公路沥青路面预防养护，MS-2型微表处适用于中等交通量高速公路、一级及二级公路沥青路面预防养护。微表处混合料的矿料级配范围应符合表8.4.4的规定。

表8.4.4 微表处混合料的矿料级配范围

级配类型	通过下列筛孔（mm）的质量百分率（%）							
	9.5	4.75	2.36	1.18	0.6	0.3	0.15	0.075
MS-2	100	90~100	65~90	45~70	30~50	18~30	10~21	5~15

续表 8.4.4

级配类型	通过下列筛孔（mm）的质量百分率（%）							
	9.5	4.75	2.36	1.18	0.6	0.3	0.15	0.075
MS-3	100	70～90	45～70	28～50	19～34	12～25	7～18	5～15
波动范围	—	±5	±5	±5	±5	±4	±3	±2

注：填料计入矿料级配。

8.4.5 用于车辙填充的微表处混合料配合比设计，其矿料级配宜在 MS-3 型级配范围的中值和下限之间，并符合表 8.4.5 的规定。

表 8.4.5 微表处车辙填补的矿料级配范围

级配类型	通过下列筛孔（mm）的质量百分率（%）							
	9.5	4.75	2.36	1.18	0.6	0.3	0.15	0.075
车辙填补	100	70～80	45～58	28～39	19～27	12～19	7～13	5～8
波动范围	—	±5	±5	±5	±5	±4	±3	±2

8.4.6 微表处混合料的使用性能应符合表 8.4.6 的规定，微表处施工前应由具有丰富设计经验的试验室进行验证性复核，并出具复核报告。

表 8.4.6 微表处混合料的使用性能要求

检测指标	单位	使用性能要求	试验方法
可拌和时间（25°C），不小于	s	120	T0757
黏聚力试验，不小于 30min（初凝时间） 60min（开放交通时间）	N·m	1.2 2.0[a]	T0754
负荷车轮黏附砂量，不大于	g/m^2	450[b]	T0755
浸水 1h 湿轮磨耗，不大于 浸水 6d 湿轮磨耗，不大于	g/m^2 g/m^2	540 800	T0752
轮辙变形试验的宽度变化率[c]，不大于	%	5	T0756
配伍性等级值[d]，不小于	—	11	T0758

注：[a]至少为初级成型。
[b]用于轻交通量公路沥青路面预防养护时，可不作黏附砂量指标的要求。
[c]不用于车辙填充的微表处混合料，不作轮辙变形试验的要求。
[d]配伍性等级指标作为参考指标使用。

8.4.7 微表处混合料可掺入其质量 1‰～3‰的纤维，经微表处混合料的配合比试验确定纤维掺量。

8.4.8 微表处应采用专用摊铺机摊铺，微表处摊铺机的拌和箱应为大功率双轴强制搅拌式，摊铺箱应带有两排布料器，摊铺机应具有精确计量系统并可记录或显示矿料、改性乳化沥青等的用量。

8.4.9 掺入纤维的微表处应采用同步微表处摊铺机进行黏层喷洒、纤维切割添加和微表处摊铺的同步施工方法。原路面表面光滑时，宜采用同步微表处摊铺机进行黏层喷洒和微表处摊铺的同步施工方法，过于光滑的原路面表面可采用拉毛处理，保证微表处与原路面黏结良好而不脱落。

8.4.10 微表处施工环境要求以及拌和、摊铺、供料、人工找补、纵横缝搭接、养生等工艺应按本规范第 8.3.6 ~ 8.3.10 条的有关规定执行。

8.4.11 深度不大于 15mm 的不规则车辙或轻度车辙，可按要求一次全宽刮平摊铺；深度为 15 ~ 30mm 的车辙填补应采用专用的 V 形摊铺箱，并按两层进行摊铺，宜在第一层摊铺完开放交通 24h 后进行第二层摊铺。

8.4.12 微表处施工中应对稀浆混合料和现场质量进行抽样检测，检测项目、检测频率、质量要求及检测方法应符合表 8.4.12 的规定。

表 8.4.12 微表处施工过程控制要求

检测项目	检测频率	质量要求	检测方法
稠度	1 次/100m	适中	经验法
沥青用量	1 次/工作日	施工配合比的沥青用量 ±0.2%	T0722、总量检验法
矿料级配	1 次/工作日	满足施工配合比的矿料级配要求[a]	T0725、总量检验法
浸水 1h 湿轮磨耗	1 次/7 个工作日	≤540g/m^2	T0752
外观	全线连续	表面平整、均匀，无离析，无划痕	目测
横向接缝	每条	对接，平顺	目测
边线	全线连续	任一 30m 长度范围内的水平波动不得超过 ±50mm	目测或用尺量法

注：[a]矿料级配满足施工配合比的矿料级配要求，是指矿料级配不超出相应级配类型要求的各筛孔通过率的上下限，且以施工配合比的矿料级配为基准，实际级配中各筛孔通过率不超过表 8.4.4 和表 8.4.5 规定的允许波动范围。

8.4.13 微表处施工的工程验收标准应符合表 8.4.13 的规定。

表 8.4.13 微表处施工的工程验收标准

检测项目		检测频率	质量要求或允许偏差	检测方法
厚度（mm）	均值	5 个断面/km	不小于设计值	T0912，每个断面挖坑 3 点
	合格值		设计厚度 -10%	
渗水系数（mL/min）		5 个点/km	≤10	T0971
纵向接缝高差（mm）		全线连续	≤6	3m 直尺法

续表 8.4.13

检 测 项 目		检 测 频 率	质量要求或允许偏差	检 测 方 法
抗滑性能[a]	摆值 F_b（BPN）	5 个点/km	≥45	摆式仪：T0964
	横向力系数	连续检测	≥54	T0965 或 T0967
	构造深度（mm）	5 个点/km	≥0.6	T0961
宽度（mm）		5 个点/km	不小于设计值	钢卷尺法

注：[a] 抗滑性能仅针对高速公路及一级公路要求，横向力系数由建设单位确定是否检测。

8.5 碎石封层

8.5.1 碎石封层适用于二级及二级以下公路、需要改善抗滑等使用性能的沥青路面，其适用的各等级公路路况水平应符合表 8.5.1 的规定；也可用作各等级公路加铺功能性罩面、结构性补强、桥隧沥青铺装、水泥混凝土路面沥青铺装等需要起到应力吸收作用的黏结防水层。

表 8.5.1 碎石封层适用的各等级公路路况水平

路 况 指 数	二 级 公 路	三级及四级公路
PCI、RQI、RDI	≥80	≥75

8.5.2 碎石封层材料应符合下列规定：

1 碎石封层胶结料可采用（改性）乳化沥青、热沥青等，用于预防养护的乳化沥青蒸发残留物含量不应小于 55%，改性乳化沥青蒸发残留物含量不应小于 60%，其他指标和用作黏结防水层的技术指标应符合现行《公路沥青路面施工技术规范》（JTG F40）的有关规定。

2 碎石封层应选择坚硬耐磨的玄武岩、辉绿岩、石灰岩等岩石破碎而成的单一粒径碎石，其最小粒径与最大粒径之比应为 0.6 ~ 0.7，压碎值不应大于 20%，针片状颗粒含量不应大于 10%，其他技术指标应符合现行《公路沥青路面施工技术规范》（JTG F40）的有关规定。

8.5.3 按碎石粒径的不同，碎石封层可分为砂粒式、细粒式和中粒式三类，其对应的碎石规格最大粒径不应大于 5mm、10mm 和 15mm；按施工层数的不同，碎石封层可分为单层式和双层式两种，其中双层式碎石封层应采用嵌挤式结构。

8.5.4 碎石封层的碎石用量和胶结料用量应根据原路面的表面状况、交通量、施工经验、施工季节等，并结合碎石粒径和施工层数进行确定。单层式碎石封层材料规格和用量应符合表 8.5.4-1 的规定，双层式碎石封层材料规格和用量应符合表 8.5.4-2 的规定。

表 8.5.4-1　单层式碎石封层材料规格和用量

碎石规格（mm）		碎石用量（m^3/1 000m^2）	乳化沥青用量（kg/m^2）	热沥青用量（kg/m^2）
砂粒式	1～3	2～5	0.9～1.2	—
	3～5	4～7	1.2～1.5	—
细粒式	5～8	6～9	1.5～1.8	0.9～1.2
	7～10	8～11	1.8～2.1	1.1～1.4
中粒式	9～12	10～13	2.1～2.4	1.4～1.7
	12～15	13～16	2.4～2.7	1.7～2.0

表 8.5.4-2　双层式碎石封层材料规格和用量

碎石规格（mm）		碎石用量（m^3/1 000m^2）		乳化沥青用量（kg/m^2）		热沥青用量（kg/m^2）	
第一层	第二层	第一层	第二层	第一层	第二层	第一层	第二层
7～10	3～5	6～9	2～5	1.2～1.5	0.7～1.0	1.2～1.5	0.4～0.7
9～12	5～8	9～12	4～7	1.5～1.8	1.0～1.3	1.5～1.8	0.7～1.0
12～15	7～10	12～15	6～9	1.8～2.1	1.3～1.6	1.8～2.0	1.0～1.3

8.5.5　碎石封层所用碎石宜采用沥青拌和站进行沥青预裹覆或烘干除尘处理。预裹覆的沥青可与碎石封层喷洒的沥青类型不同，拌和温度道路石油沥青为 140℃，预裹覆碎石的沥青用量应符合表 8.5.5 的规定；采用烘干除尘处理的碎石铺筑（改性）乳化沥青碎石封层，宜在沥青胶结料洒布和碎石撒布后，在碎石表面再喷洒其质量 1/3 的沥青胶结料。

表 8.5.5　预裹覆碎石的沥青用量

碎石规格（mm）	3～5	5～8	7～10	9～12	12～15
沥青用量（质量比，%）	0.4	0.35	0.3	0.25	0.2

8.5.6　碎石封层宜采用同步碎石封层车施工，并同步完成胶结料和碎石洒（撒）布；条件不具备的，也可采用沥青洒布车和碎石撒布车的异步施工方法，异步施工应确保工序的紧密衔接，每个作业段的长度应根据施工能力确定。

8.5.7　碎石封层施工前，应彻底清除原路面的泥土、杂物并保持相对干燥，坑槽、裂缝等病害的路面应进行处治，旧沥青面层老化严重时应喷洒一层渗透性好的沥青再生剂或再生还原剂，路面整体强度不足时应进行补强。

8.5.8　碎石封层施工应结合原路面状况，选用合适的沥青用量进行洒布，采用的沥青洒布温度应根据黏温曲线确定，不具备条件时可参考现行《公路沥青路面施工技术规范》（JTG F40）各类沥青的拌和温度，乳化沥青采用常温洒布。

8.5.9 碎石封层施工过程如发现空白、缺边等洒（撒）布数量不足的情况应及时人工补洒（撒）胶结料和碎石，胶结料积聚应予以刮除。

8.5.10 异步碎石封层施工洒布胶结料后应及时撒布碎石，使用乳化沥青时，碎石撒布应在乳化沥青破乳之前完成。碎石撒布应及时均匀，厚度一致，不应露出胶结料；局部缺料或料过多处，应人工适当找补或清除。

8.5.11 碎石撒布完成后应及时使用胶轮压路机进行碾压，压路机的行驶速度不宜超过 3km/h。

8.5.12 乳化沥青碎石封层应待破乳、水分蒸发并基本成型后方可通车，（改性）沥青碎石封层在碾压结束后即可开放交通，并通过开放交通补充压实，成型稳定。在通车初期应设置限速设施控制行车，限制行车速度不得超过 20km/h。

8.5.13 应做好碎石封层的初期养生，发现有泛油时，应在泛油处补撒碎石并扫匀，过多的浮料应扫出路外。

8.5.14 碎石封层施工中应对其现场质量进行抽样检测，检测项目、检测频率、质量要求及检测方法应符合表 8.5.14 的规定。

表 8.5.14 碎石封层施工过程控制要求

检测项目	检测频率	质量要求	检测方法
外观	全线连续	胶结料无明显围积、流淌或漏洒，碎石无明显围积、漏撒	目测
胶结料洒布量（kg/m^2）	1 次/工作日	设计值 ±0.2	T0982、总量检验法
胶结料洒布温度	1 次/工作日	符合设计要求	温度计量测法
碎石撒布量（kg/m^2）	1 次/工作日	设计值 ±0.5	T0982、总量检验法

8.5.15 碎石封层施工的工程验收标准应符合表 8.5.15 的规定。

表 8.5.15 碎石封层施工的工程验收标准

检测项目	检测频率	质量要求或允许偏差	检测方法
碎石剥落率 P	5 个点/km	≤10%	附录 C.1
碎石覆盖率 Q	5 个点/km	90% ±10%（预防养护） 80% ±10%（黏结防水层）	附录 C.2
构造深度（mm）	5 个点/km	≥0.80	T0961
宽度（mm）	5 个点/km	不小于设计值	钢卷尺法

8.6　纤维封层

8.6.1　纤维封层适用于二级及二级以下公路、需要改善抗滑等使用性能的沥青路面，其适用的各等级公路路况水平应符合表 8.6.1 的规定；也可用作各等级公路加铺功能性罩面、结构性补强、桥隧沥青铺装、水泥混凝土路面沥青铺装等需要起到应力吸收作用的黏结防水层。

表 8.6.1　纤维封层适用的各等级公路路况水平

路况指数	二级公路	三级及四级公路
PCI、RQI、RDI	≥80	≥75

8.6.2　纤维封层材料应符合下列规定：

1　纤维封层胶结料应采用改性乳化沥青，其蒸发残留物含量不应小于 60%，其他指标应符合现行《公路沥青路面施工技术规范》（JTG F40）的有关规定。

2　纤维封层用纤维应具有高抗拉性能和高弹性模量，其类型可采用玻璃纤维、矿物纤维或玄武岩纤维，纤维长度宜为 6cm，状态宜为卷轴式纤维盘。

3　纤维封层应选择坚硬耐磨的玄武岩、辉绿岩等岩石破碎而成的单一粒径碎石，并应符合本规范第 8.5.2 条、第 8.5.3 条和第 8.5.4 条的有关规定，宜按本规范第 8.5.5 条的有关规定进行碎石预裹覆处理。

8.6.3　纤维封层的碎石用量、胶结料用量和纤维用量应根据原路面的表面状况、交通量、施工经验、施工季节等，结合碎石粒径和封层类型确定，其碎石用量和胶结料用量可按本规范第 8.5.4 条的有关规定执行。

8.6.4　纤维封层施工前，应彻底清除原路面的泥土、杂物并保持相对干燥，坑槽、裂缝等严重病害的路面应进行修补，路面整体强度不足时应进行补强。

8.6.5　纤维封层专用设备洒布改性乳化沥青施工后，紧接着撒布碎石层，碎石撒布完成后应及时使用胶轮压路机进行碾压，压路机的行驶速度不宜超过 3km/h。

8.6.6　纤维封层应待改性乳化沥青破乳、水分蒸发并基本成型后方可通车，并做好纤维封层的初期养生，在通车初期应设置限速设施控制行车，限制行车速度不得超过 20km/h。

8.6.7　纤维封层施工中应对其现场质量进行抽样检测，检测项目、检测频率、质量要求及检测方法应符合表 8.6.7 的规定。

表 8.6.7　纤维封层施工过程控制要求

检测项目	检测频率	质量要求	检测方法
外观	全线连续	改性乳化沥青无明显囤积、流淌或漏洒；纤维无明显囤积，交错与搭接均匀；碎石无明显囤积、漏撒	目测
胶结料洒布量（kg/m^2）	1 次/工作日	设计值 ±0.2	T0982、总量检验法
纤维撒布量（g/m^2）	1 次/工作日	设计值 ±5	总量检验法
碎石撒布量（kg/m^2）	1 次/工作日	设计值 ±0.5	T0982、总量检验法

8.6.8　纤维封层施工的工程验收标准应符合表 8.6.8 的规定。

表 8.6.8　纤维封层施工的工程验收标准

检测项目	检测频率	质量要求或允许偏差	检测方法
碎石剥落率 P	5 个点/km	≤10%	附录 C.1
碎石覆盖率 Q	5 个点/km	90% ±10%（预防养护） 80% ±10%（黏结防水层）	附录 C.2
构造深度（mm）	5 个点/km	≥0.80	T0961
宽度（mm）	5 个点/km	不小于设计值	钢卷尺法

8.7　复合封层

8.7.1　复合封层适用于各等级公路、需要改善抗滑等使用性能的沥青路面。碎石封层或纤维封层 + 微表处适用于二级及二级以上公路，碎石封层 + 稀浆封层适用于二级及二级以下公路，其适用的各等级公路路况水平应符合表 8.7.1 的规定。

表 8.7.1　复合封层适用的各等级公路路况水平

路况指数	高速公路	一级及二级公路	三级及四级公路
PCI、RQI、RDI	≥80	≥75	≥70

8.7.2　复合封层的原材料技术要求应符合本规范第 8.5.2 条、第 8.6.2 条和第 8.4.2 条、第 8.3.2 条的有关规定。

8.7.3　复合封层的配合比设计与使用性能检验应符合本规范第 8.5.4 条、第 8.6.3 条和第 8.4.3 条、第 8.3.3 条的有关规定。

8.7.4　复合封层的施工与质量检验应分别符合碎石封层、纤维封层和微表处、稀浆封层的有关规定。

8.7.5 复合封层施工的工程验收标准应符合表8.7.5的规定。

表8.7.5　复合封层施工的工程验收标准

检测项目		检测频率	质量要求或允许偏差	检测方法
厚度（mm）	均值	5个断面/km	不小于设计值	T0912，每个断面挖坑3点
	合格值		设计厚度－10%	
渗水系数（mL/min）		5个点/km	≤10	T0971
纵向接缝高差（mm）		全线连续	≤6	3m直尺法
抗滑性能	摆值 F_b（BPN）	5个点/km	符合设计要求	摆式仪：T0964
	横向力系数[a]			T0965或T0967
	构造深度（mm）			T0961
宽度（mm）		5个点/km	不小于设计值	钢卷尺法

注：[a] 横向力系数由建设单位确定是否检测。

9 功能性罩面

9.1 一般规定

9.1.1 功能性罩面适用于各等级公路预防或修复病害、需要改善抗滑等使用性能且结构强度满足使用要求的沥青路面，铺筑厚度小于40mm的功能性罩面可作为预防养护措施。

9.1.2 功能性罩面可采用铺筑厚度小于25mm的超薄罩面、不小于25mm且小于40mm的薄层罩面和不小于40mm且小于60mm的罩面类型，应根据路面技术状况、主导损坏类型、交通量大小及组成、气候条件、工程经验等因素，合理确定功能性罩面措施。

9.1.3 功能性罩面沥青胶结料可采用热沥青、温拌或冷拌改性沥青，应根据路面损坏状况、改善使用功能、施工条件、工程经验等因素进行选用。

9.1.4 沥青路面部分车道进行功能性罩面时，应做好横坡顺接，保障排水顺畅。

9.1.5 功能性罩面应采用机械化作业方式，施工前彻底清除原路面的泥土、杂物，保证原路面干净、干燥，并应符合下列规定：

1 对原路面损坏程度不超过轻度裂缝、轻度松散、轻微泛油，高差不超过10mm的各类变形，可直接实施功能性罩面。

2 对原路面超过上述损坏程度的病害，应按本规范第6章的有关规定进行原路面病害处治后，实施功能性罩面。

9.1.6 功能性罩面施工应按现行《公路沥青路面施工技术规范》（JTG F40）的有关规定执行，并应符合下列规定：

1 功能性罩面与原路面层间应设置具有应力吸收作用的黏结防水层，可对原路面进行拉毛处理，保证功能性罩面与原路面层间黏结良好而不脱落。

2 功能性罩面不应铺筑在逐年加铺的软沥青层上，也不应铺在与原路面黏结不良、即将脱皮的沥青薄层上，应先将其铲除与整平，再进行功能性罩面。

9.2 超薄罩面

9.2.1 超薄罩面适用于预防或部分修复病害、需要改善抗滑等使用性能的沥青路面，其适用的各等级公路路况水平应符合表9.2.1的规定。

表9.2.1 超薄罩面适用的各等级公路路况水平

路况指数	高速公路	一级及二级公路	三级及四级公路
PCI、RQI	≥85	≥80	≥75
RDI	≥80	≥75	≥70

9.2.2 超薄罩面宜采用热拌沥青混凝土，也可采用温拌或冷拌沥青混合料进行铺筑，其材料应符合下列规定：

1 沥青胶结料可采用高黏度改性沥青、橡胶改性沥青、温拌或冷拌改性沥青。高黏度改性沥青技术指标应符合表9.2.2-1的规定，铺筑厚度不大于1.5cm的超薄罩面宜采用60℃动力黏度不小于100 000Pa·s高黏度改性沥青；橡胶改性沥青技术指标应符合表9.2.2-2的规定；温拌或冷拌改性沥青应经试验验证并符合相关产品标准。

表9.2.2-1 高黏度改性沥青技术要求

检测指标	单位	技术要求	试验方法
针入度（25℃，5s，100g）	0.1mm	40~60	T0604
延度（5℃，5cm/min），不小于	cm	30	T0605
软化点 $T_{R\&B}$，不小于	℃	75	T0606
135℃运动黏度，不大于	Pa·s	3	T0625
60℃动力黏度，不小于	Pa·s	20 000	T0620
溶解度（三氯乙烯），不小于	%	99	T0607
离析，48h软化点差，不大于	℃	2.5	T0661
弹性恢复（25℃），不小于	%	85	T0662
TFOT（或RTFOT）后残留物			
质量损失	%	±0.5	T0610或T0609
针入度比（25℃），不小于	%	75	T0604
残留延度（5℃），不小于	cm	20	T0605

表9.2.2-2 橡胶改性沥青技术要求

检测指标	单位	技术要求	试验方法
针入度（25℃，5s，100g）	0.1mm	30~60	T0604
延度（5℃，5cm/min），不小于	cm	20	T0605
软化点 $T_{R\&B}$，不小于	℃	75	T0606
180℃布氏黏度	Pa·s	2~4	T0625
离析，48h软化点差，不大于	℃	5.0	T0661
弹性恢复（25℃），不小于	%	75	T0662

续表 9.2.2-2

检测指标	单位	技术要求	试验方法
TFOT（或 RTFOT）后残留物			
质量损失	%	±0.5	T0610 或 T0609
针入度比（25℃），不小于	%	65	T0604
残留延度（5℃），不小于	cm	5	T0605

2　粗集料、细集料和填料技术指标应符合现行《公路沥青路面施工技术规范》（JTG F40）的有关规定。粗集料应采用质地坚硬、表面粗糙、形状接近立方体的玄武岩或辉绿岩加工而成，具有良好的耐磨耗与磨光性能；细集料应采用石灰岩或岩浆岩中的强基性岩石经制砂机破碎得到的机制砂，与沥青有良好的黏结能力；填料应采用石灰岩或岩浆岩中的强基性岩石经磨细得到的矿粉，保证洁净、干燥，能自由地从矿粉仓中流出。

9.2.3　超薄罩面铺筑前，应在原路面表面喷洒一层黏层，其材料可采用高黏度改性乳化沥青或不粘轮改性乳化沥青，具有良好的黏结性能和抗水损特性。高黏度改性乳化沥青技术指标应符合表 9.2.3 的规定，不粘轮改性乳化沥青应经试验验证并符合相关产品标准。

表 9.2.3　高黏度改性乳化沥青技术要求

检测指标		单位	技术要求	试验方法
破乳速度		—	快裂	T0658
粒子电荷		—	阳离子正电（+）	T0653
筛上剩余量（1.18mm），不大于		%	0.1	T0652
黏度	恩格拉黏度 E_{25}	—	3～20	T0622
	赛波特黏度 $C_{25,3}$	s	20～60	T0621
储存稳定性	1d，不大于	%	1	T0655
	5d，不大于	%	5	
蒸发残留物性质	含量，不小于	%	62	T0651
	针入度（100g，25℃，5s）	0.1mm	60～150	T0604
	软化点，不小于	℃	55	T0606
	延度（5℃），不小于	cm	20	T0605
	溶解度（三氯乙烯），不小于	%	97.5	T0607
	弹性恢复（10℃），不小于	%	70	T0662

9.2.4　超薄罩面沥青混合料的矿料级配类型及组成结构可采用骨架-空隙型级配（CPA）、骨架-密实型级配（SMA）和密实-悬浮型级配（AC）。CPA 矿料级配公称最大粒径可选用与铺筑厚度相匹配的 7.2mm（CPA-7）或 9.5mm（CPA-10），其矿料级配范围宜符合表 9.2.4-1 的规定；SMA-10 和 AC-10 矿料级配范围应符合现行《公路沥青路面

施工技术规范》(JTG F40)的有关规定，SMA-5/AC-5 矿料级配范围宜符合表 9.2.4-2 的规定。

表 9.2.4-1　CPA-7/10 矿料级配范围

级配类型	通过下列筛孔(mm)的质量百分率(%)									
	13.2	9.5	7.2	4.75	2.36	1.18	0.6	0.3	0.15	0.075
CPA-7	—	100	55 ~ 100	15 ~ 40	12 ~ 35	11 ~ 19	8 ~ 15	3 ~ 12	3 ~ 9	2 ~ 7
CPA-10	100	85 ~ 100	—	18 ~ 43	12 ~ 35	11 ~ 19	8 ~ 15	3 ~ 12	3 ~ 9	2 ~ 7

表 9.2.4-2　SMA-5/AC-5 矿料级配范围

级配类型	通过下列筛孔(mm)的质量百分率(%)							
	9.5	4.75	2.36	1.18	0.6	0.3	0.15	0.075
SMA-5	100	90 ~ 100	35 ~ 65	22 ~ 36	18 ~ 28	15 ~ 22	13 ~ 18	9 ~ 15
AC-5	100	90 ~ 100	50 ~ 70	35 ~ 55	20 ~ 40	12 ~ 28	7 ~ 18	5 ~ 9

9.2.5　超薄罩面沥青混合料配合比设计宜按目标配合比、生产配合比和试拌试铺验证三个阶段进行，确定其矿料级配及最佳沥青用量，并按表 9.2.5 的规定对 CPA-7/10 矿料级配类型的沥青混合料进行性能试验验证，其他矿料级配类型的沥青混合料应按现行《公路沥青路面施工技术规范》(JTG F40)的有关规定进行性能试验验证。

表 9.2.5　CPA-7/10 矿料级配类型的沥青混合料技术要求

试验项目	单位	技术标准	试验方法
击实次数(双面)	次	75	T0702
试件尺寸	mm	ϕ101.6 × 63.5	T0702
空隙率 VV	%	13 ~ 18	T0708
矿料间隙率 VMA，不小于	%	18	T0709
沥青饱和度 VFA	%	20 ~ 50	T0709
稳定度，不小于	kN	6	T0709
残留稳定度，不小于	%	85	T0709
冻融劈裂强度比，不小于	%	80	T0729
车辙试验动稳定度，不小于	次/mm	2 500	T0719
沥青析漏试验的结合料损失，不大于	%	0.1	T0732
飞散试验的沥青混合料损失(20℃)，不大于	%	15	T0733
油膜厚度，不小于	μm	9	—

9.2.6　超薄罩面施工工艺可分为同步超薄罩面和异步超薄罩面。CPA-7/10 矿料级配类型应采用同步超薄罩面施工工艺，保证黏层与超薄罩面层用同一台施工设备同步喷洒和摊铺；对于其他矿料级配类型，宜采用同步超薄罩面施工工艺，也可采用异步超薄罩面施工工艺。

9.2.7 超薄罩面的施工工艺、设备要求与质量控制应按现行《公路沥青路面施工技术规范》（JTG F40）的有关规定执行，同步超薄罩面还应符合下列规定：

1 间歇式拌和机每盘的生产周期应适当延长 5～10s，沥青混合料的储存时间不宜超过 6h。

2 黏层改性乳化沥青喷洒温度应为 50～80℃，同步施工黏层改性乳化沥青喷洒温度不应小于 80℃，热沥青混合料摊铺在改性乳化沥青喷洒的表面上。

3 碾压应在沥青混合料温度下降至 90℃之前完成，碾压过程中使用 11～13t 双钢轮压路机静压 2～3 遍，严禁使用轮胎压路机。

4 纵向接缝宜为冷接缝，摊铺宽度宜为一个车道，纵向接缝宜位于标线处。

9.2.8 同步超薄罩面应采用专用同步洒布摊铺设备进行铺筑，施工设备应包含受料斗、传送带、带加热功能的乳化沥青储罐、智能喷洒系统、宽度可调节的振动熨平板等部分，可一次同步实施乳化沥青喷洒、混合料摊铺及熨平，乳化沥青喷洒与混合料摊铺时间间隔不应超过 5s。

9.2.9 超薄罩面施工的工程验收标准应符合表 9.2.9 的规定。

表 9.2.9 超薄罩面施工的工程验收标准

检测项目		检测频率	质量要求或允许偏差		检测方法
			高速及一级公路	其他等级公路	
平整度	σ（mm）	连续检测	≤1.5	≤2.5	T0932 或 T0934
	IRI（m/km）		≤2.5	≤4.2	
厚度（mm）	均值	5 个点/km	不小于设计值		T0912，每个断面挖坑 3 点
	合格值		设计厚度 -10%		
渗水系数（mL/min）		5 个点/km	符合设计要求		T0971
抗滑性能	摆值 F_b	5 个点/km	≥45	符合设计要求	摆式仪：T0964
	横向力系数		≥54		T0965 或 T0967
	构造深度		≥0.6		T0961
宽度（mm）		5 个点/km	不小于设计值		钢卷尺法

注：任选一个平整度检测指标，且与横向力系数指标均由建设单位确定是否检测。

9.3 薄层罩面

9.3.1 薄层罩面适用于预防或修复病害、需要改善抗滑等使用性能的沥青路面，其适用的各等级公路路况水平应符合表 9.3.1 的规定。

表 9.3.1 薄层罩面适用的各等级公路路况水平

路况指数	高速公路	一级及二级公路	三级及四级公路
PCI、RQI	≥80	≥75	≥70
RDI	≥75	≥70	≥65

9.3.2 薄层罩面宜采用热拌沥青混凝土，也可采用温拌或冷拌沥青混合料进行铺筑，其材料应符合下列规定：

1 沥青胶结料应采用高黏度改性沥青、SBS 改性沥青、橡胶改性沥青或温拌改性沥青。高黏度改性沥青技术指标应符合表 9.2.2-1 的规定，SBS 改性沥青技术指标应符合现行《公路沥青路面施工技术规范》（JTG F40）的有关规定，橡胶改性沥青技术指标应符合表 9.2.2-2 的规定，温拌或冷拌改性沥青应经试验验证并符合相关产品标准规定。

2 粗集料、细集料和填料技术指标应符合本规范第 9.2.2 条的有关规定。

9.3.3 薄层罩面铺筑前，可在原路面表面喷洒一层黏层，也可在原路面表面铺筑碎石封层或纤维封层。

9.3.4 宜根据所在路段的公路等级、路面技术状况、交通量、使用功能等因素，设计碎石封层或纤维封层 + 薄层罩面结构组合与厚度，并应符合表 9.3.4 的规定。

表 9.3.4 碎石封层或纤维封层 + 薄层罩面结构组合与厚度

使用条件	碎石封层或纤维封层厚度（cm）	薄层罩面厚度（cm）
路面技术状况指数、行驶质量指数在中、良等级，交通量较大、重型车较多的路段	1.2 ~ 1.5	2.5 ~ 3.5
路面技术状况指数、行驶质量指数在中、良等级，中等交通量的路段	0.7 ~ 1.2	2.5 ~ 3
路面技术状况指数、行驶质量指数在中、良等级，交通量小、重型车少的路段	0.5 ~ 0.8	2.5 ~ 3

9.3.5 薄层罩面沥青混合料的矿料级配类型及组成结构可采用骨架-空隙排水型级配（BPA）、骨架-密实型级配（SMA）和密实-悬浮型级配（AC），其公称最大粒径可选用与铺筑厚度相匹配的 9.5mm（10 型）或 13.2mm（13 型）。BPA-10/13 矿料级配范围宜符合表 9.3.5 的规定，SMA-10/13 和 AC-10/13 矿料级配范围应符合现行《公路沥青路面施工技术规范》（JTG F40）的有关规定。

表 9.3.5　BPA-10/13 矿料级配范围

级配类型	通过下列筛孔（mm）的质量百分率（%）									
	16.0	13.2	9.5	4.75	2.36	1.18	0.6	0.3	0.15	0.075
BPA-10	—	100	80～100	25～40	22～35	13～25	9～19	7～14	5～11	3～7
BPA-13	100	80～100	60～80	25～40	22～35	13～25	9～19	7～14	5～11	3～7

9.3.6　薄层罩面沥青混合料配合比设计宜按目标配合比、生产配合比和试拌试铺验证三个阶段进行，确定其矿料级配及最佳沥青用量，并应符合下列规定：

1　沥青混合料配合比设计宜采用马歇尔成型方法，按表 9.3.6 的规定对 BPA-10/13 矿料级配类型的沥青混合料进行性能试验验证。

表 9.3.6　BPA-10/13 矿料级配类型的沥青混合料技术要求

试验项目	单　位	技术要求	试验方法
马歇尔击实次数（双面）	次	75	T0702
马歇尔试件尺寸	mm	ϕ101.6×63.5	T0702
空隙率 VV	%	10～15	T0708
马歇尔稳定度 MS，不小于	kN	6.0	T0709
矿料间隙率 VMA，不小于	%	18	T0709
残留稳定度，不小于	%	85	T0709
冻融劈裂强度比，不小于	%	80	T0729
车辙动稳定度，不小于	次/mm	2 500	T0719
沥青析漏损失，不大于	%	0.1	T0732
飞散试验的沥青混合料损失（20℃），不大于	%	15	T0733
油膜厚度，不小于	μm	9	—

2　其他矿料级配类型的沥青混合料应按现行《公路沥青路面施工技术规范》（JTG F40）的有关规定进行性能试验验证。

9.3.7　薄层罩面施工工艺可分为同步薄层罩面和异步薄层罩面。BPA-10/13 矿料级配类型宜采用同步薄层罩面施工工艺，保证黏层与薄层罩面层用同一台施工设备同步喷洒和摊铺，也可采用异步薄层罩面施工工艺；对于其他矿料级配类型，可采用同步薄层罩面或异步薄层罩面施工工艺。采用铺筑碎石封层或纤维封层应力吸收层时，应采用异步薄层罩面施工工艺。

9.3.8　层间黏层材料可采用高黏度改性乳化沥青或不粘轮改性乳化沥青，其技术指标应符合本规范第 9.2.3 条的有关规定。

9.3.9 层间应力吸收层可采用碎石封层或纤维封层。碎石封层的材料要求、施工工艺与质量控制应符合本规范第8.5节的有关规定，纤维封层的材料要求、施工工艺与质量控制应符合本规范第8.6节的有关规定。

9.3.10 薄层罩面的施工工艺、设备要求与质量控制应按现行《公路沥青路面施工技术规范》（JTG F40）的有关规定执行，同步薄层罩面还应符合本规范第9.2.7条和第9.2.8条的有关规定。

9.4 罩面

9.4.1 罩面适用于修复病害、需要改善抗滑等使用性能的沥青路面，可分为直接罩面和沥青表面层铣刨后罩面，其适用的各等级公路路况水平应符合表9.4.1的规定。

表9.4.1 罩面适用的各等级公路路况水平

路况指数	高速公路	一级及二级公路	三级及四级公路
PCI、RQI	≥80	≥75	≥70

9.4.2 罩面宜采用热拌或温拌沥青混凝土进行铺筑，其材料应符合现行《公路沥青路面施工技术规范》（JTG F40）的有关规定。

9.4.3 罩面铺筑前，可在原路面或沥青表面层铣刨后下承层表面喷洒一层黏层，也可在原路面或沥青表面层铣刨后下承层表面铺筑碎石封层或纤维封层。

9.4.4 宜根据所在路段的公路等级、路面技术状况、交通量、使用功能等因素，设计碎石封层或纤维封层+罩面结构组合与厚度，并应符合表9.4.4的规定。

表9.4.4 碎石封层或纤维封层+罩面结构组合与厚度

使用条件	碎石封层或纤维封层厚度（cm）	罩面厚度（cm）
路面破损、平整度、抗滑三项指标都在中等以下，要求恢复到优、良等级，且交通量较大、重型车较多的路段	1.2~1.5	4.0~5.5
路面破损、平整度、抗滑三项指标都在中等以下，要求恢复到优、良等级，且中等交通量的路段	0.7~1.2	4.0~5.0
路面破损、平整度、抗滑三项指标都在中等以下，要求恢复到优、良等级，且交通量小、重型车少的路段	0.5~0.8	4.0~5.0

9.4.5 罩面沥青混合料的矿料级配类型及组成结构可采用骨架-空隙排水型级配

（PA）、骨架-密实型级配（SMA）和密实-悬浮型级配（AC），其公称最大粒径可选用与铺筑厚度相匹配的13.2mm（13型）或16mm（16型），其矿料级配范围应符合现行《公路沥青路面施工技术规范》（JTG F40）的有关规定。

9.4.6 层间黏层材料可采用改性乳化沥青，其材料要求、施工工艺与质量控制应按现行《公路沥青路面施工技术规范》（JTG F40）的有关规定执行。

9.4.7 层间应力吸收层可采用碎石封层或纤维封层。碎石封层的材料要求、施工工艺与质量控制应符合本规范第8.5节的有关规定，纤维封层的材料要求、施工工艺与质量控制应符合本规范第8.6节的有关规定。

9.4.8 罩面的施工工艺、设备要求与质量控制应符合现行《公路沥青路面施工技术规范》（JTG F40）的有关规定。

10 结构性补强

10.1 一般规定

10.1.1 结构性补强适用于路面结构强度不足、旧路病害严重、需要改善使用性能的沥青路面，应根据路面结构强度状况、主要病害类型与数量、严重程度、产生原因等因素，确定采取直接加铺或铣刨加铺补强措施。

10.1.2 结构性补强应通过结构验算确定路面结构组合与厚度，并采用铺筑总厚度不小于6cm的双层或双层以上路面结构。

10.1.3 应做好结构性补强厚度引起设计高程变化、横坡调整、与桥隧构造物衔接、沿线交通工程等方面的相互协调，并采取相应的处理措施。

10.1.4 结构性补强时可对不合适的路拱横坡进行调整。高速公路及一级公路硬路肩不进行结构性补强时，应做好横坡顺接，保障排水顺畅。

10.1.5 与桥涵的衔接处理应符合下列规定：

1 结构性补强路段内有桥涵等构造物时，施工前应对其铺装层进行检查，及时修复原铺装层出现的破损。新铺筑的沥青铺装层不宜增加厚度，保证路面与桥涵顶面的纵坡顺适。

2 结构性补强可从桥涵两侧的搭板外开始，变坡点设在搭板两侧以外，保证路线纵坡平顺。

3 对于无搭板情况，结构性补强变坡点距离桥涵台背端点不小于10m，保证路线纵坡与桥涵构造物在变坡点处的衔接顺适。

10.1.6 结构性补强层与下承层间应采取黏层、封层等处理措施，保证补强层与下承层间有效的黏结防水，与不维修路段界面应涂刷黏层乳化沥青，并在路面压实成型后采用密封胶、贴缝胶等防水材料进行密封，保证水分不从界面处下渗。

10.1.7 结构性补强施工前后，应对排水不良路段采取加深边沟、设置盲沟或渗井、增设隔水层等措施进行处理。

10.1.8 结构性补强层材料类型应按现行《公路沥青路面设计规范》（JTG D50）的有关规定进行选用，其原材料要求、混合料设计与性能检验、施工工艺、设备要求与质量管理应按现行《公路沥青路面施工技术规范》（JTG F40）和《公路路面基层施工技术细则》（JTG/T F20）的有关规定执行。

10.2 直接加铺补强

10.2.1 应根据路面结构强度状况、主要病害类型与发生层位等因素，确定采取直接加铺沥青面层或基层与沥青面层共同补强措施，并应符合下列规定：

1 高速公路、一级及二级公路路面采取直接加铺沥青面层，或柔性基层与沥青面层共同补强措施。

2 三级及四级公路路面采取直接加铺沥青面层，或半刚性基层与沥青面层共同补强措施。

10.2.2 沥青路面直接加铺补强前，应对原路面病害类型、层位及范围进行详细调查，并按本规范第6章的有关规定对病害进行彻底处治。

10.2.3 采用柔性基层或半刚性基层与沥青面层共同补强时，基层比沥青面层宽出20～25cm或埋设路缘石，保证路面边缘坚实稳定；路肩过窄路段，先加宽路基达到标准宽度，或采用护肩石的方法，再加宽基层。

10.2.4 采用柔性基层或半刚性基层与沥青面层共同补强时，应通过加铺调平层，或加铺柔性基层或半刚性基层的厚度调整，保证原路面纵横坡符合要求。

10.2.5 因沥青面层裂缝引起雨雪水侵入造成基层顶面破坏而形成的翻浆，可待翻浆基层水分蒸发且稳定，采用裂缝处治或挖补后进行直接加铺沥青面层补强。

10.3 铣刨加铺补强

10.3.1 应根据路面结构强度状况、主要病害发生层位等因素，确定采取铣刨加铺沥青面层或基层与沥青面层共同补强措施，并应符合下列规定：

1 对于沥青面层部分破损、基层完好，仅铣刨处治部分厚度沥青面层的，对部分沥青面层回填压实后，采取沥青面层补强措施。

2 对于沥青面层严重破损、基层较完好，铣刨处治全部沥青面层的，采取直接加铺沥青面层、柔性基层或半刚性基层与沥青面层共同补强措施。

3 对于沥青面层严重破损、基层局部病害，铣刨处治全部沥青面层的，对基层局部病害处理后，采取直接加铺沥青面层、柔性基层或半刚性基层与沥青面层共同补强措施。

4　对于沥青路面整体破损严重，铣刨处治沥青面层与基层的，采取柔性基层或半刚性基层与沥青面层共同补强措施。

5　二级及二级以下公路路面结构强度指数（PSSI）小于70、沥青面层厚度小于4cm且老化破损严重时，可采取水硬性结合料类全深式再生作为基层，直接加铺沥青面层、柔性基层与沥青面层或半刚性基层与沥青面层共同补强措施；也可采取沥青类全深式再生作为柔性基层，直接加铺沥青面层，或柔性基层与沥青面层共同补强措施。

10.3.2　病害铣刨处治与加铺结构性补强重铺前应对下承层病害与结构强度状况进行详细调查，对于铣刨处治部分沥青面层的，应在铣刨处治前详细调查与标记病害位置，铣刨处治后清理干净下承层表面，并按本规范第6章的有关规定对下承层病害进行彻底处治。

10.3.3　病害铣刨处治应避免雨季施工，不得严重破坏完好的下承层，不同路面结构层的接缝位置错开不应小于30cm。

10.3.4　铣刨的沥青面层和基层旧料应按再生利用要求进行分类收集，并减少泥土或其他杂物混入沥青面层或基层旧料，及时回收运送至拌和场或指定地点进行分类储存与再生利用。

10.3.5　因基层水稳定性不良或水量过大造成的翻浆，应铣刨沥青面层和基层全部软弱部分，将基层材料晾晒干，并可适当增加透水性良好的碎石，按每层厚度不超过15cm进行分层填补并压实后，采取加铺沥青面层或基层与沥青面层共同补强措施。

10.3.6　由路基引起沥青路面病害的，应按现行《公路路基施工技术规范》（JTG F10）的有关规定，彻底处治路基病害并完善防排水设施后，采取加铺半刚性基层或柔性基层与沥青面层共同补强措施。

10.3.7　路基冻胀与翻浆处治材料应具有良好的防冰冻性能和抗水损害性能，并要求路基处理及垫层施工达到设计及规范要求。

10.3.8　因冬季路基中的水结冰引起冻胀，春融季节化冻而引起的翻浆，应采用下列方法进行处治：

1　换填水稳定性好的路基及基层材料。

2　局部发生翻浆的路段，可采用压浆、水泥碎石桩或砂砾桩进行处治。

3　加深边沟，并在翻浆路段两侧路肩上交错开挖宽30～40cm、间距3～5m的横沟，其沟底纵坡不小于3%。沟深根据解冻情况，逐渐加深至路基。横沟的外口高于边沟的沟底。路面翻浆严重的除挖横沟外，顺路面边缘设置纵向小盲沟，交通量较小的路段挖成明沟，翻浆停止后将明沟填平恢复原状。

10.3.9 因路基冻胀使路面局部或大面积隆起影响行车时，应将胀起的沥青路面刨平，待春融后按翻浆处理方法进行处治。

11 局部加宽

11.1 一般规定

11.1.1 局部加宽适用于改善局部线形、通行能力与服务水平，包括局部路段、城镇出入口、平面交叉口、弯道路段的加宽和爬坡车道、避险车道、停车港湾的增设。

11.1.2 单侧或双侧局部加宽方式应根据原公路等级、线形、局部加宽路段类型、交通量等因素，通过对原路面调查分析确定，并应遵循下列选用原则：

1 因线形约束仅一侧具备空余用地，以及弯道路段和爬坡车道、避险车道、停车港湾增设，宜采用单侧局部加宽方式。

2 两侧都具备空余用地的，可采用双侧局部加宽方式。

11.1.3 单侧局部加宽应调整原路面的路拱横坡，并保证路拱横坡调整层的最小厚度；局部加宽处于路线平曲线处时，应按现行《公路工程技术标准》（JTG B01）的有关规定设置超高和加宽。

11.1.4 对于不能采取两侧相等加宽的，两侧局部加宽的宽度差不大于1m时，可不调整原路面的路拱横坡；两侧局部加宽的宽度差大于1m时，宜调整原路面的路拱横坡。

11.1.5 局部加宽路面结构层应与原路面相应的结构层一致；局部加宽与原路面功能性罩面或结构性补强同步实施时，其结构层宜一致，并同步施工。

11.1.6 局部加宽路面结构层与原路面纵向搭接应与路中线平行，横向搭接应采取台阶式搭接、土工合成材料加筋等措施，上、下结构层搭接错开距离为30cm，保证搭接处不出现纵向裂缝。

11.1.7 原路面功能性罩面或结构性补强和局部加宽的结构层间应采取封层、黏层等处理措施，保证路面各结构层间有效的黏结防水和整体的使用功能。

11.1.8 局部加宽路基设计与施工应按现行《公路路基设计规范》（JTG D30）、《公路路基施工技术规范》（JTG F10）等的有关规定执行，并根据路基地下水位情况采取可靠的防排水措施，路基填筑材料可采用旧路路基挖除或基层铣刨材料。

11.2 基层施工与质量控制

11.2.1 局部加宽基层原材料要求、混合料配合比设计与性能检验应按现行《公路路面基层施工技术细则》（JTG/T F20）的有关规定执行，其混合料经试验验证可采用基层再生材料。

11.2.2 新旧基层横向搭接处理应符合下列规定：

1 基层厚度不小于25cm时，宜采用相错搭接法，搭接长度不小于30cm，搭接部位应首先采用小型机具夯实至设计规定的压实度，然后再对整个加宽基层采用机械全面压实，压实质量应符合设计要求，压实成型的新基层应与原基层平齐。

2 基层厚度小于25cm时，宜采用平头接头法，新铺筑的基层成型后，应与原路面基层平齐。

3 邻接加宽部位30cm的旧沥青面层应揭掉，并使原路面露出坚硬的边缘，材料不可松动，保持沥青面层边缘垂直，基层顶面应平整。旧基层上的松散浮土、浮石渣应清扫干净，并将其顶面拉毛。

11.2.3 局部加宽基层需调拱时，加宽部分与调拱部分应按路面横坡一次调正与整型压实，并将旧面层先铲掉，把原基层拉毛后再与调拱层结合，保证调拱部分新旧基层结合良好。调拱基层的最小厚度应满足现行《公路沥青路面设计规范》（JTG D50）的要求，不足时可向下开挖原基层，保证调拱基层的最小厚度要求。

11.2.4 局部加宽基层施工工艺、设备要求与质量控制应按现行《公路路面基层施工技术细则》（JTG/T F20）的有关规定执行。

11.3 沥青面层施工与质量控制

11.3.1 局部加宽沥青面层原材料要求、混合料配合比设计与性能检验应按现行《公路沥青路面施工技术规范》（JTG F40）的有关规定执行，其混合料经试验验证可采用沥青面层再生材料，平面交叉口、弯道路段加宽和爬坡车道、停车港湾增设的沥青面层宜采用抗车辙或高模量沥青混合料。

11.3.2 新旧沥青面层横向搭接宜采用立茬毛缝方法，并应符合下列规定：

1 在基层加宽的基础上将原路面边缘刨切整齐，使其露出坚硬的垂直边缘，原路面面层和新铺基层的粒料不可松动，并将加宽的基层表面清扫干净。

2 在接茬处应均匀涂覆黏结乳化沥青，以保证新铺混合料与原沥青面层更好地黏结。

3　单层沥青面层接茬，混合料摊铺应与原路面平齐对接，压实后的高度与原路面面层平齐。

4　双层或双层以上沥青面层接茬，上、下面层不宜接在同一垂直面上，应错开30cm以上，做成台阶式。

11.3.3　新旧沥青面层搭接施工应符合下列规定：

1　接茬部位沥青混合料的摊铺可视加宽宽度选择人工摊铺或机械摊铺。采用人工摊铺时，按松铺厚度摊平，并沿边缘用沥青混合料覆盖于原路面边缘预热，及时用小型振动板沿纵向接茬部位朝向接茬处压实，新铺沥青面层可比原面层略高，再用重型压路机后轮对新铺沥青面层进行充分碾压，成型的高度应与原面层平齐；采用机械摊铺法施工时，可直接沿纵向接茬部位摊铺，并朝向接茬处压实，及时对接茬部位进行整平或补料。

2　加宽部位原路面不需要调拱时，新铺沥青混合料的碾压应朝向接茬处压实，保证满足设计要求的路拱；原路面需要调拱时，压实方法同新建沥青路面的有关规定，保证接缝位置平顺和满足设计要求的路拱，以及压实度满足设计要求。

11.3.4　局部加宽沥青面层的施工工艺、设备要求与质量控制应按现行《公路沥青路面施工技术规范》（JTG F40）的有关规定执行。

12 桥隧沥青铺装养护

12.1 一般规定

12.1.1 应加大对桥隧特别是特大、大桥和特长、长隧道沥青铺装的日常巡查与保养频率，及时发现各类病害及异常情况。

12.1.2 应根据桥隧沥青铺装病害位置、主要类型与数量、严重程度、产生原因等因素，确定采取病害处治或养护工程措施。

12.1.3 桥隧沥青铺装病害处治应按本规范第6章的有关规定执行，并保证修补部分与原沥青铺装界面的黏结牢固、有效防水，宜采用就地热修补法处治病害，采用挖补法处治病害时宜采用与原沥青铺装层相同或相近的材料进行回填压实。

12.1.4 桥梁沥青铺装采取铣刨重铺养护工程措施时，其厚度不宜大于原沥青铺装层厚度；采取封层、功能性罩面等养护工程措施时，应通过桥梁荷载验算。隧道沥青铺装采取功能性罩面、铣刨重铺等养护工程措施时，应计算隧道净空，使其满足使用要求。

12.1.5 桥隧沥青铺装病害处治和养护工程施工时，应做好与桥隧已有排水设施的衔接。采取铣刨重铺措施时，路拱横坡低的一侧边缘沥青铺装下层宜设置纵向排水盲沟，保证渗入层间的水通过桥梁泄水孔或隧道排水设施及时排除。

12.1.6 桥隧沥青铺装病害处治和养护工程施工应做好交通组织疏导与材料设备堆放，并规范、快速进行养护作业，不得危及桥隧结构与行车安全。

12.2 水泥混凝土桥面沥青铺装养护

12.2.1 水泥混凝土桥面沥青铺装主要病害包括裂缝、坑槽、开裂滑移、车辙、波浪拥包、脱层等，应分析诊断主要病害的产生原因，并及时采取病害处治或养护工程措施。

12.2.2 水泥混凝土桥面沥青铺装病害处治应按本规范第12.1.3条的有关规定执行，

采取养护工程措施应符合下列规定：

1　由沥青铺装层引起的严重裂缝、坑槽、车辙、波浪拥包等病害，宜采取封层、功能性罩面、铣刨重铺等养护工程措施。

2　由黏结防水层失效引起或与沥青铺装层共同引起的开裂滑移、车辙、波浪拥包、脱层等病害，宜采取铣刨重铺养护工程措施。

3　采用封层应按本规范第8章的有关规定执行，采用功能性罩面应按本规范第9章和第12.1.4条的有关规定执行，采用铣刨重铺应做好桥面水泥混凝土铺装层与沥青铺装层间的黏结防水。

12.2.3　沥青铺装铣刨重铺时，桥面水泥混凝土铺装层处理应符合下列规定：

1　对水泥混凝土铺装层进行喷砂或精铣刨处理，打掉表面浮浆，直至表面裸露石子，喷砂处理后的铺装层表面构造深度应达到0.3～0.5mm。

2　采用3m直尺测量水泥混凝土铺装层平整度，最大间隙为8～15mm的部位应采用打磨方法磨掉铺装层突出物，并填补坑洞。

3　高程测定水泥混凝土铺装层大范围平整度偏差大于15mm时，应采用铣刨机精铣刨或大型抛丸机喷砂处理。

4　水泥混凝土铺装层发生严重破坏时，应凿除并重铺水泥混凝土铺装层，可采取钢筋水泥混凝土重铺措施。

12.2.4　沥青铺装铣刨重铺层间的黏结防水层可选用高黏改性乳化沥青、改性沥青、高黏高弹改性沥青等材料，并应符合下列规定：

1　用于铺筑厚度不大于6cm单层沥青铺装的黏结防水层，其25℃的剪切强度不得小于1.0MPa，拉拔强度不得小于1.0MPa。

2　用于铺筑厚度大于6cm双层沥青铺装的黏结防水层，其25℃的剪切强度不得小于0.7MPa，拉拔强度不得小于0.7MPa。

12.2.5　沥青铺装铣刨重铺层间的黏结防水层可采用环氧沥青、高黏高弹改性沥青等材料，水泥混凝土桥面沥青铺装厚度可为5～6cm，其混合料类型可采用骨架密实型的沥青玛蹄脂碎石混合料SMA或沥青混合料SAC。

12.2.6　沥青铺装养护工程措施所用的原材料、混合料配合比设计与性能检验、施工工艺、设备要求与质量控制应按现行《公路沥青路面施工技术规范》（JTG F40）、《公路沥青路面再生技术规范》（JTG F41）等的有关规定执行。

12.3　钢桥面沥青铺装养护

12.3.1　钢桥面沥青铺装主要病害可分为纵横向裂缝、坑槽、鼓包、开裂滑移、车辙、波浪拥包、脱层等，应分析诊断主要病害的产生原因，并及时采取病害处治或养护工程措施。

12.3.2 钢桥面沥青铺装病害处治应按本规范第12.1.3条的有关规定执行，对于环氧沥青铺装纵横向裂缝处治宜采用与铺装层胶结料相同的环氧沥青进行灌缝，坑槽处治宜采用与环氧沥青铺装相同的材料进行修补。

12.3.3 应根据钢桥面环氧沥青铺装鼓包成因及不同发展阶段，采取不同的鼓包处治、材料灌注与回填方法。

12.3.4 钢桥面沥青铺装采取养护工程措施应符合下列规定：

1 由沥青铺装层引起的严重裂缝与坑槽、车辙、波浪拥包等病害，宜采取封层、功能性罩面、铣刨重铺等养护工程措施。

2 由黏结防水层失效、层间黏结不良引起或与沥青铺装层共同引起的开裂滑移、车辙、波浪拥包、脱层等病害，宜采取铣刨重铺养护工程措施。

3 采用封层应按本规范第8章的有关规定执行，采用功能性罩面应按本规范第9章和第12.1.4条的有关规定执行，采用铣刨重铺应做好钢桥面与沥青铺装层间处理。

12.3.5 沥青铺装铣刨重铺时，钢桥面板处理应符合下列规定：

1 应对钢桥面板表面进行喷砂处理，喷砂处理后的钢桥面板表面粗糙度应达到Sa2.5级以上。

2 采用3m直尺测量钢桥面板表面平整度，最大间隙大于6mm（除焊缝外）的部位应采用打磨方法磨掉钢桥面板表面突出物。

3 钢桥面板表面处理后应在3h内喷涂环氧富锌漆防锈层。

12.3.6 沥青铺装铣刨重铺层间的黏结防水层可选用高黏高弹改性沥青、环氧沥青等材料，其25℃的剪切强度不得小于1.5MPa，拉拔强度不得小于1.5MPa。

12.3.7 沥青铺装养护工程中的环氧沥青黏结防水层施工应符合下列规定：

1 施工工艺应包括黏结防水层材料准备、环氧沥青喷洒、碎石撒布等，其环境温度不应低于10℃，且应避免环氧沥青黏结防水层施工期间出现雨、雾天气。

2 环氧沥青黏结防水层材料准备与喷洒前，应保证钢桥面板表面干燥、洁净，喷砂除锈和喷涂环氧富锌漆防锈层施工质量应满足设计及规范要求。

12.3.8 沥青铺装养护工程所用的原材料、混合料配合比设计与性能检验、施工工艺、设备要求与质量控制应按现行《公路沥青路面施工技术规范》（JTG F40）、《公路沥青路面再生技术规范》（JTG F41）等的有关规定执行。

12.3.9 采用环氧沥青作为钢桥面沥青铺装养护工程中的黏结防水层与沥青铺装层材料，其固化时间应满足交通组织及封闭时间要求。

12.4 隧道路面沥青铺装养护

12.4.1 隧道路面沥青铺装主要病害可分为裂缝、坑槽、开裂滑移、车辙、波浪拥包、脱层等，应分析诊断主要病害的产生原因，并及时采取病害处治或养护工程措施。

12.4.2 隧道路面沥青铺装病害处治应按本规范第12.1.3条的有关规定执行，采取养护工程措施应符合下列规定：

1 由沥青铺装层引起的严重裂缝与坑槽、车辙、波浪拥包等病害，宜采取封层、功能性罩面、铣刨重铺等养护工程措施。

2 由隧道结构变形、黏结防水层失效引起或与沥青铺装层共同引起的开裂滑移、车辙、波浪拥包、脱层等病害，宜采取铣刨重铺养护工程措施。

3 采用封层应按本规范第8章的有关规定执行，采用功能性罩面应按本规范第9章和第12.1.4条的有关规定执行，采用铣刨重铺应做好隧道路面与沥青铺装层间处理。

12.4.3 隧道路面沥青铺装采用铣刨重铺时，水泥混凝土铺装层应按本规范第12.2.3条的有关规定执行。

12.4.4 隧道路面沥青铺装采用铣刨重铺时，水泥混凝土铺装层与沥青铺装层间的黏结防水层应按本规范第12.2.4条的有关规定执行。在黏结防水层施工前，应清理干净水泥混凝土铺装层，并保证干燥。

12.4.5 隧道路面沥青铺装养护工程所用的原材料、混合料配合比设计与性能检验、施工工艺、设备要求与质量控制应按现行《公路沥青路面施工技术规范》（JTG F40）等的有关规定执行，其沥青混合料宜采取添加阻燃剂、温拌剂等技术措施。

13　水泥混凝土路面沥青铺装养护

13.0.1　水泥混凝土路面沥青铺装应加强日常巡查，及时发现早期病害及异常情况，分析早期病害的产生原因，并做好初期养护。

13.0.2　水泥混凝土路面沥青铺装主要病害可分为裂缝、坑槽、车辙、沉陷、波浪拥包、脱层等，应分析主要病害的产生原因。

13.0.3　应根据沥青铺装病害位置、主要类型与数量、严重程度、产生原因等，以及原水泥混凝土路面旧路处理情况、沥青铺装结构与材料设计、施工状况等因素，确定采取病害处治或养护工程措施。

13.0.4　沥青铺装病害处治应按本规范第6章的有关规定执行，并应符合下列规定：

1　沥青铺装反射裂缝宜采用密封胶灌缝、贴缝胶贴缝或灌缝后贴缝方法；原水泥混凝土路面板缝出现上下移动时，采用板缝两侧注浆后，沥青铺装反射裂缝应采用灌缝与贴缝胶贴缝组合方法。

2　沥青铺装病害处治后应做好修补部分与原沥青铺装层界面的黏结牢固、有效防水，并应做好与沿线已有排水设施的衔接。

13.0.5　水泥混凝土路面旧路病害处治后直接沥青铺装，采取养护工程措施应符合下列规定：

1　对于沥青铺装厚度不大于12cm，由原水泥混凝土路面板缝反射、层间黏结不良和沥青铺装层引起的严重反射裂缝与坑槽、车辙、波浪拥包、脱层等病害，宜采取铣刨重铺等养护工程措施。

2　对于沥青铺装厚度大于12cm，由沥青铺装层引起的严重坑槽、车辙、波浪拥包等病害，宜采取封层、功能性罩面、就地热再生、铣刨重铺等养护工程措施。

3　采用封层应按本规范第8章的有关规定执行；采用功能性罩面应按本规范第9章的有关规定执行；铣刨重铺时，原水泥混凝土路面与沥青铺装层间宜采用高黏高弹改性沥青、橡胶改性沥青等作为胶结料的应力吸收层。

13.0.6　水泥混凝土路面旧路破碎再生处理后沥青铺装，由沥青铺装层、路面结构局部强度不足和整体强度不足引起的严重裂缝、坑槽、车辙、波浪拥包等病害，宜采取病害处治后封层或功能性罩面、铣刨重铺等养护工程措施。

13.0.7 水泥混凝土路面沥青铺装养护工程所用的原材料、混合料设计与性能检验、施工工艺、设备要求与质量控制应按现行《公路沥青路面施工技术规范》（JTG F40）、《公路沥青路面再生技术规范》（JTG F41）等的有关规定执行。

13.0.8 应根据水泥混凝土路面沥青铺装使用性能变化及其主要病害产生情况，分析并做好沥青铺装工程经验与技术总结，保证水泥混凝土路面二次沥青铺装使用性能及耐久性。

14 绿色养护

14.1 一般规定

14.1.1 沥青路面养护应积极采用节能减排、低碳环保的绿色养护技术。

14.1.2 绿色养护可采用沥青路面再生利用、温拌沥青路面、降噪沥青路面、钢渣等工业废料应用，以及油改气、低碳排放施工等技术。

14.1.3 结合沥青路面养护实际、工程经验及应用条件，应合理选用绿色养护各种技术措施。

14.1.4 应对绿色养护技术应用效果进行跟踪观测与评估，总结形成可指导实际应用的规范性文件。

14.2 沥青路面再生利用

14.2.1 再生利用技术可分为厂拌热再生、就地热再生、厂拌冷再生、就地冷再生和全深式就地再生。

14.2.2 应根据公路等级、路面状况、施工环境及能力、交通与气候条件等因素，合理选用沥青路面再生利用技术，并应符合下列规定：

1 沥青路面养护工程的面层材料优先选用厂拌再生。

2 用于沥青路面上面层的材料优先选用厂拌热再生。

3 用于沥青路面中、下面层的材料选用厂拌热再生或厂拌冷再生。

4 沥青路面表面功能恢复选用就地热再生。

5 沥青路面基层材料采用就地冷再生或厂拌冷再生。

6 面层与基层复合就地利用采用全深式就地再生。

14.2.3 沥青面层材料与基层材料应分别回收、堆放并再生利用，其回收、处理与管理应符合下列规定：

1 高速公路和一、二级公路沥青路面材料应集中回收与统筹利用，三、四级公路沥青路面材料宜就地再生利用，具备条件的可集中回收与统筹利用。

2 回收料再生利用前，回收站点应配备筛分设备或破碎与筛分设备进行预处理，沥青面层回收料应筛分成不少于两种不同规格料，基层回收料应筛除超粒径颗粒，具备条件的可筛分成两种不同规格料。

3 经预处理后的回收料应按不同规格料分开堆放，沥青面层回收料应覆盖做好防雨、防二次污染，基层回收料宜覆盖做好防尘污染。

14.2.4 沥青路面再生利用的结合料分为沥青类和水硬性结合料类，其选用应符合下列规定：

1 沥青面层回收料热再生应采用基质沥青、改性沥青、再生剂等沥青类结合料。

2 沥青面层回收料冷再生和面层与基层全深式再生既可采用乳化沥青、泡沫沥青等沥青类结合料，并掺入少量的水泥，也可采用水泥、石灰、粉煤灰等水硬性结合料类。

3 基层回收料冷再生宜采用水泥、石灰与粉煤灰、水泥与粉煤灰等水硬性结合料类。

14.2.5 沥青路面再生利用的原材料要求、混合料设计与性能检验、设备要求、施工工艺与质量管理应按现行《公路沥青路面再生技术规范》（JTG F41）的有关规定执行。

14.3 温拌沥青路面应用

14.3.1 温拌沥青路面技术措施可分为泡沫沥青温拌、添加温拌剂和温拌沥青结合料。

14.3.2 应根据公路等级、路面状况、施工环境及能力、交通与气候条件等因素，结合试验、工艺与工程验证结果，在沥青路面养护工程中合理选用温拌技术措施，并保证工程应用的技术可靠、耐久经济和便于实施。

14.3.3 温拌沥青混合料性能指标应达到相应的热拌沥青混合料技术要求，其原材料要求、混合料设计与性能检验、施工工艺、设备要求与质量管理应按现行《公路沥青路面施工技术规范》（JTG F40）的有关规定执行。

14.4 降噪沥青路面应用

14.4.1 降噪沥青路面技术措施可分为排水沥青面层、高弹胶结料沥青面层和弹性颗粒填充沥青面层。

14.4.2 应根据公路等级、路面状况、施工环境及能力、交通与气候条件等因素，结合试验、工艺与工程验证结果，在养护工程中合理选用降噪沥青路面技术措施，并保证其降噪性能、使用性能等满足设计及规范要求。

14.4.3 排水沥青面层原材料要求、混合料设计与性能检验、施工工艺、设备要求与质量管理应按现行《公路沥青路面施工技术规范》（JTG F40）的有关规定执行。

14.4.4 高弹胶结料沥青面层原材料要求、混合料设计与性能检验、施工工艺、设备要求与质量管理可按现行《公路沥青路面施工技术规范》（JTG F40）等的有关规定执行。

14.4.5 掺入弹性颗粒干法拌制的沥青面层混合料性能指标应达到相应的热拌沥青混合料技术要求，其原材料要求、混合料设计与性能检验、施工工艺、设备要求与质量管理可按现行《公路沥青路面施工技术规范》（JTG F40）等的有关规定执行。

14.5 钢渣等工业废料应用

14.5.1 工业废料应用可分为钢渣、煤矸石等，主要用于养护工程沥青路面混合料的粗细集料。

14.5.2 应根据公路等级、路面状况、施工环境及能力、交通与气候条件等因素，结合试验、工艺与工程验证结果，在养护工程中合理选用钢渣、煤矸石等工业废料，保证工程应用良好的使用性能。

14.5.3 利用钢渣等工业废料拌制的沥青混合料性能指标应达到相应的热拌沥青混合料技术要求，其原材料要求、混合料设计与性能检验、施工工艺、设备要求与质量管理可按现行《公路沥青路面施工技术规范》（JTG F40）的有关规定执行。

附录 A　沥青路面损坏调查与技术状况评定表

表 A-1　沥青路面损坏调查表

路线名称：	调查方向：			调查时间：　　调查人员：										
调查内容	程度	权重 w_i	单位	起点桩号：　　终点桩号： 路段长度：　　路面宽度：										累计 损坏
				1	2	3	4	5	6	7	8	9	10	
龟裂	轻	0.6	m^2											
	中	0.8												
	重	1.0												
块状裂缝	轻	0.6	m^2											
	重	0.8												
纵向裂缝	轻	0.6	m											
	重	1.0												
横向裂缝	轻	0.6	m											
	重	1.0												
坑槽	轻	0.8	m^2											
	重	1.0												
车辙	轻	0.6	m											
	重	1.0												
沉陷	轻	0.6	m^2											
	重	1.0												
波浪拥包	轻	0.6	m^2											
	重	1.0												
松散	轻	0.6	m^2											
	重	1.0												
泛油		0.2	m^2											
修补不良		0.1	m^2											
评定结果： CR 或 DR =　　　% PCI =				自动化检测计算方法： $PCI = 100 - a_0 CR^{a_1}$ $a_0 = 13.03$ $a_1 = 0.408$						人工调查计算方法： $PCI = 100 - a_0 DR^{a_1}$ $a_0 = 15.00$ $a_1 = 0.412$				

表 A-2　沥青路面技术状况指数（PQI）及各分项指标评定表

路线编号	路线名称	起点桩号	终点桩号	前进方向	评定里程（km）	评定结果								PQI 评级里程（km）					PQI 优等路率（%）	PQI 优良路率（%）	PQI 次差路率（%）
						PQI	PCI	RQI	RDI	PBI	PWI	SRI	PSSI	优	良	中	次	差			
合计	—	—	—	上行																	
				下行																	
				上下行																	

附注：PSSI 为抽样评定指标　　　　　　　　　　第　　页　总　　页

附录 B　含砂雾封层试验方法

B.1　残留物含量试验

B.1.1　目的与适用范围

本方法适用于确定含砂雾封层原材料的固态物质含量。

B.1.2　仪器与材料

本试验需要下列仪器：

（1）试样容器：容量 1 500mL，高约 60mm，壁厚 0.5～1mm 的金属盘，也可用小铝锅或瓷蒸发皿代替。

（2）天平：感量 0.1g。

（3）烘箱：可准确控温。

B.1.3　方法与步骤

（1）将试样容器洗净、烘干并称其合计质量（m_0）。

（2）在试样容器内称取搅拌均匀的含砂雾封层原材料试样 100g ± 1g，称取容器及材料的合计质量（m_1）。

（3）将盛有试样的容器放入 105℃ 的烘箱中恒温 3h，取出放入干燥器中，冷却至室温后称其质量（m_2）。

B.1.4　计算

含砂雾封层原材料残留物含量按式（B.1.4）计算：

$$p = \frac{m_2 - m_0}{m_1 - m_0} \times 100 \tag{B.1.4}$$

式中：p——含砂雾封层原材料残留物含量（%）；

m_0——试样容器质量（g）；

m_1——试样容器与含砂雾封层原材料的总质量（g）；

m_2——试样容器与含砂雾封层原材料残留物的总质量（g）。

B.1.5　报告

同一试样至少平行试验两次，两次试验的结果差值不大于 0.5% 时，取其平均值作为试验结果。

B.2 干燥时间试验

B.2.1 目的与适用范围

本方法适用于确定含砂雾封层原材料的干燥时间。

B.2.2 仪器与材料

本试验需要下列仪器：

（1）计时器：分度至少 1min。

（2）铝板：规格（100mm×50mm）。

（3）线棒涂布器。

（4）恒温箱。

B.2.3 方法与步骤

（1）用线棒涂布器将 12g 含砂雾封层原材料涂布在铝板表面上，将表面刮平，记录涂布结束时间（t_1）。

（2）将制备好涂膜的铝片放置在 60℃ 的恒温箱中，静置一段时间后，用无水乙醇擦净手指，在距试件边缘不小于 10mm 的范围内用手指轻触涂膜表面，若无材料黏附在手指，即为干燥，记录时间（t_2）。

B.2.4 计算

含砂雾封层原材料干燥时间按式（B.2.4）计算：

$$T = t_2 - t_1 \tag{B.2.4}$$

式中：T——干燥时间；

t_1——涂布结束时间；

t_2——表面干燥时间。

B.2.5 报告

同一试样至少平行试验两次，两次试验的结果差值不大于 15min 时，取其平均值作为试验结果。

B.3 黏结强度试验

B.3.1 目的与适用范围

本方法适用于确定含砂雾封层原材料的黏结强度。

B.3.2 仪器与材料

本试验需要下列仪器：

（1）拉伸试验机：测量值在量程的15%～85%，拉伸强度5mm/min。

（2）“8”字形金属模具：如图B.3.2所示，中间用插片分成两半。

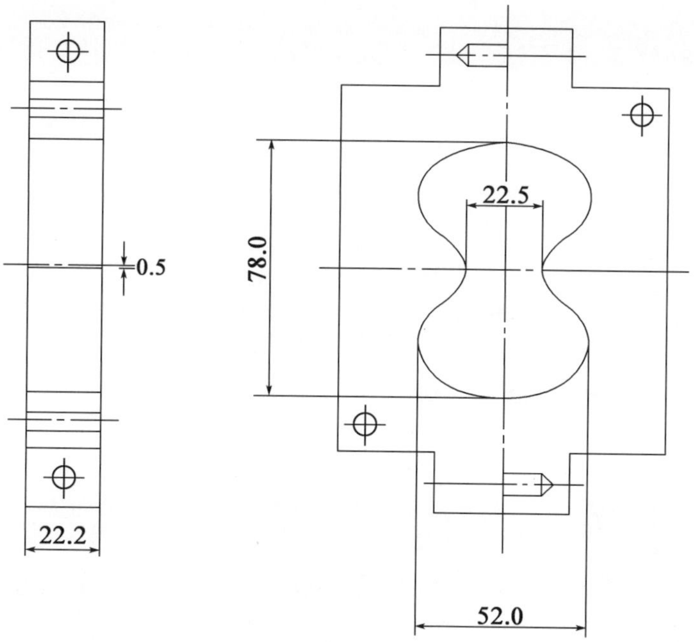

图B.3.2 “8”字形金属模具（尺寸单位：mm）

（3）黏结基材：按图B.3.2模具成型的“8”字形水泥砂浆块。采用强度等级42.5的普通硅酸盐水泥，将水泥、中砂按照质量比1:1加入砂浆搅拌机中搅拌，加水量以砂浆稠度70～90mm为准，倒入模具中振实抹平，然后移入养护室，养护3d后在50℃的烘箱中干燥24h，取出备用。

B.3.3 方法与步骤

（1）将砂浆块用砂纸清除表面浮浆，将含砂雾封层原材料搅拌均匀后涂布在成型面上，将两个砂浆成型面对接，压紧，砂浆块间的厚度不超过1mm，将试样在25℃、相对湿度50%条件下养护不少于24h。

（2）将试件安装在试验机上，保持试件表面垂直方向的中线与试验机夹具中心在一条线上，以5mm/min的速度拉伸至试件破坏，记录试件的最大拉力F，试验温度为25℃。

B.3.4 计算

含砂雾封层原材料黏结强度按式（B.3.4）计算：

$$\sigma = \frac{F}{a \times b} \tag{B.3.4}$$

式中：σ——黏结强度（MPa）；

F——试件的最大拉力（N）；
a——试件黏结面的长度（mm）；
b——试件黏结面的宽度（mm）。

B.3.5 报告

同一试样至少平行试验 3 次，按试验数据处理相关规定，取其平均值作为试验结果。

B.4 稳定性试验

B.4.1 目的与适用范围

本方法适用于确定含砂雾封层混合料的稳定性。

B.4.2 仪器与材料

本试验需要下列仪器：

（1）稳定性试验管：带有上、下两个支管口，开口配有橡胶管。

（2）试样容器：容量 1 500mL，高约 60mm，壁厚 0.5 ~ 1mm 的金属盘，也可用小铝锅或瓷蒸发皿代替。

（3）天平：感量 0.1g。

（4）其他：温度计、玻璃棒、电炉等。

B.4.3 方法与步骤

（1）将按比例配置的含砂雾封层原材料、砂、水和添加剂组成的含砂雾封层混合料搅拌 1min，搅拌均匀后缓慢注入稳定性试验管中。

（2）静置 10min 后，拔出上支管口的橡胶管，从上支管口流出试样接入一个已称质量的试样容器中，再拔开下支管口的橡胶管，将下支管以上的试样全部放出，流入另一容器，然后将下支管口以下的试样流入第二个已称质量的试样容器中。

（3）分别称取上下两部分的试样质量，然后测定蒸发后残留物固体含量 P_A 和 P_B。

B.4.4 计算

含砂雾封层混合料稳定性按式（B.4.4）计算：

$$S = P_B - P_A \tag{B.4.4}$$

式中：S——含砂雾封层混合料稳定性（%）；
P_A——储存后上支管试样残留物固体含量（%）；
P_B——储存后下支管试样残留物固体含量（%）。

B.4.5 报告

同一试样至少平行试验两次，两次试验的结果差值不大于1%时，取其平均值作为试验结果。

B.5 耐磨性试验

B.5.1 目的与适用范围

本方法适用于确定含砂雾封层混合料的耐磨性。

B.5.2 仪器与材料

本试验需要下列仪器：

（1）湿轮磨耗仪。

（2）模板：边长为360mm的塑料板，中间有一直径为280mm±1mm的圆孔。试模厚度3mm±0.1mm。

（3）油毛毡圆片：直径286mm。

（4）天平：称量2 000g。

（5）其他：水浴、烘箱等。

B.5.3 方法与步骤

（1）将油毛毡圆片平铺在操作台上，再将模板居中放在平整的油毛毡圆片上。

（2）称取总重300g的含砂雾封层原材料放入拌锅，然后按配比加入水和砂拌匀，将拌匀的混合料倒入试模中并迅速刮平。

（3）取走模板，将试样放入60℃±3℃的烘箱中烘干至恒重，一般不少于16h。

（4）从烘箱中取出混合料试件，冷却至室温，称取油毛毡圆片及试件的合计质量（m_1），准确至1g。

（5）将试件及油毛毡片放入25℃±1℃的水浴中保温1h，然后把试件及油毛毡片从水浴中取出，放入试样托盘中，往试样托盘中加入25℃的水，使试样完全浸入水中，水面到试件表面的深度不少于6mm。

（6）把装有试件的试样托盘固定在磨耗仪升降平台上，提升平台并锁住，开动仪器，使磨耗头转动300s后停止。

（7）将试件从试样托盘中取出，冲洗，然后放入60℃烘箱中烘干至恒重，冷却至室温后，称取试件与油毛毡的总质量（m_2）。

B.5.4 计算

含砂雾封层混合料磨耗值按式（B.5.4）计算：

$$W = \frac{m_1 - m_2}{A} \tag{B.5.4}$$

式中：W——含砂雾封层混合料的磨耗值（kg/m^2）；

m_1——磨耗前的试件质量（g）；

m_2——磨耗后的试件质量（g）；

A——磨耗头胶管的磨耗面积（由仪器说明书提供，m^2）。

B.5.5 报告

一组试样个数一般不少于3个。当一组测定值中某个测定值与平均值之差大于标准差的k倍时，该测定值应予舍弃，并以其余测定值的平均值作为试验结果。当试样数目为3、4、5、6个时，k值分别为1.15、1.46、1.67、1.82。

B.6 抗滑性能试验

B.6.1 目的与适用范围

本方法适用于确定含砂雾封层混合料的抗滑性能。

B.6.2 仪器与材料

本试验需要下列仪器：

（1）摆式摩擦仪。

（2）模板：内部尺寸（450mm ±1mm）×（100mm ±1mm），外部尺寸（500mm ±1mm）×（100mm ±1mm），试模厚度3mm ±0.1mm。

（3）三合板：尺寸（500mm ±1mm）×（100mm ±1mm）。

（4）其他：烘箱等。

B.6.3 方法与步骤

（1）将三合板放在操作台上，再将模板放在三合板上。

（2）称取总重200g的含砂雾封层原材料放入拌锅，然后按配比加入水和砂拌匀，将拌匀的混合料倒入试模中并迅速刮平。

（3）取走模板，将试样放入60℃ ±3℃的烘箱中烘干至恒重，一般不少于16h。

（4）从烘箱中取出混合料试件，冷却至室温，进行抗滑性能试验。

B.6.4 报告

同一试样重复测定5次，记录每次测定的摆值，5次数值中最大值与最小值的差值不得大于3BPN，按试验数据处理相关规定，取5次测定的平均值作为其抗滑值，取整数。

附录 C　碎石封层和纤维封层试验方法

C.1　剥落率试验

C.1.1　目的与适用范围

本方法适用于确定碎石封层或纤维封层中的碎石抗剥落性能。

C.1.2　仪器与材料

本试验需要下列仪器：

（1）抗剥落扫刷试验仪。

（2）模板：内部尺寸（450mm ±1mm）×（100mm ±1mm），外部尺寸（500mm ±1mm）×（100mm ±1mm），试模厚度 3mm ±0.1mm。

（3）三合板：尺寸（500mm ±1mm）×（100mm ±1mm）。

（4）其他：烘箱等。

C.1.3　方法与步骤

（1）将三合板放在操作台上，再将模板放在三合板上。

（2）按设计的碎石封层胶结料用量、碎石用量或纤维封层乳化沥青用量、纤维用量、碎石用量，均匀涂敷和撒布在模板上。

（3）取走模板，将试样放入 60℃ ±3℃的烘箱中烘干至恒重，一般不少于 16h。

（4）从烘箱中取出碎石封层或纤维封层试件，冷却至室温，进行抗剥落撒扫刷试验。

（5）扫刷前称取碎石封层或纤维封层与模板试件的总质量（m_1），扫刷试验后称取碎石封层或纤维封层与模板试件的总质量（m_2）。

C.1.4　计算

碎石封层或纤维封层的剥落率按式（C.1.4）计算：

$$P = \frac{m_1 - m_2}{m_1} \tag{C.1.4}$$

式中：P——碎石封层或纤维封层的剥落率（%）；

m_1——扫刷前的试件质量（g）；

m_2——扫刷后的试件质量（g）。

C.1.5 报告

一组试样个数一般不少于3个。当一组测定值中某个测定值与平均值之差大于标准差的 k 倍时，该测定值应予舍弃，并以其余测定值的平均值作为试验结果。当试样数目为3、4、5、6个时，k 值分别为1.15、1.46、1.67、1.82。

C.2 覆盖率试验

C.2.1 目的与适用范围

本方法适用于确定碎石封层或纤维封层中的碎石覆盖状况。

C.2.2 仪器与材料

本试验需要下列仪器：

（1）碎石覆盖测试仪。

（2）模板：内部尺寸（450mm ±1mm）×（100mm ±1mm），外部尺寸（500mm ±1mm）×（100mm ±1mm），试模厚度3mm ±0.1mm。

（3）三合板：尺寸（500mm ±1mm）×（100mm ±1mm）。

（4）其他：烘箱等。

C.2.3 方法与步骤

（1）将三合板放在操作台上，再将模板放在三合板上。

（2）按设计的碎石封层胶结料用量或纤维封层乳化沥青用量、纤维用量，均匀涂敷在模板上。

（3）按设计的碎石封层或纤维封层的碎石用量，均匀撒布在模板上，计数碎石封层或纤维封层的碎石个数（n）。

（4）取走模板，将试样放入60℃ ±3℃的烘箱中烘干至恒重，一般不少于16h。

（5）从烘箱中取出碎石封层或纤维封层试件，冷却至室温，进行碎石覆盖率测试，采用图像法提取每个碎石的面积（s_i）。

C.2.4 计算

碎石封层或纤维封层的覆盖率按式（C.2.4）计算：

$$Q = \frac{s_1 + s_2 + \cdots + s_n}{450 \times 100} \tag{C.2.4}$$

式中：Q——碎石封层或纤维封层的覆盖率（%）；

n——撒布碎石的个数；

s_i——撒布第 i 个碎石的面积（mm^2）。

C.2.5 报告

一组试样个数一般不少于 3 个。当一组测定值中某个测定值与平均值之差大于标准差的 k 倍时，该测定值应予舍弃，并以其余测定值的平均值作为试验结果。当试样数目为 3、4、5、6 个时，k 值分别为 1.15、1.46、1.67、1.82。

本规范用词用语说明

1　本规范执行严格程度的用词，采用下列写法：

1）表示很严格，非这样做不可的用词，正面词采用“必须”，反面词采用“严禁”；

2）表示严格，在正常情况下均应这样做的用词，正面词采用“应”，反面词采用“不应”或“不得”；

3）表示允许稍有选择，在条件许可时首先应这样做的用词，正面词采用“宜”，反面词采用“不宜”；

4）表示有选择，在一定条件下可以这样做的用词，采用“可”。

2　引用标准的用语采用下列写法：

1）在标准总则中表述与相关标准的关系时，采用“除应符合本规范的规定外，尚应符合国家和行业现行有关标准的规定”。

2）在标准条文及其他规定中，当引用的标准为国家标准和行业标准时，表述为“应符合《××××××》（×××）的有关规定”。

3）当引用本标准中的其他规定时，表述为“应符合本规范第×章的有关规定”、“应符合本规范第×.×节的有关规定”、“应符合本规范第×.×.×条的有关规定”或“应按本规范第×.×.×条的有关规定执行”。

附件

《公路沥青路面养护技术规范》

(JTG 5142—2019)

条文说明

1 总则

1.0.1 《公路沥青路面养护技术规范》是沥青路面养护的综合性规范，对现行《公路养护技术规范》（JTG H10）中有关公路沥青路面养护内容进行全面、细化规定。通过本规范的制定与实施，规范沥青路面养护工作，提高沥青路面养护管理水平，保证沥青路面日常养护和养护工程质量，提升日常养护和养护工程技术水平，保持沥青路面良好的技术状况。

1.0.2 各等级公路沥青路面养护分为日常养护和养护工程，其工作内容包括路况调查与评价、养护决策、日常养护、养护工程设计、养护工程实施、养护工程质量验收、跟踪观测和技术管理。养护决策属于公路养护管理与技术两个范畴，按交通运输行业和地方交通运输主管部门陆续出台的相关法规制度、标准规范和技术指南进行沥青路面养护决策；养护工程设计本规范仅规定基本要求，具体按现行《公路沥青路面养护设计规范》（JTG 5421）的有关规定执行。

3 基本规定

3.1 养护管理要求

3.1.1 根据交通运输部2018年3月印发的《公路养护工程管理办法》规定，公路养护工程按照养护目的和公路设施差异，分为预防养护、修复养护、专项养护和应急养护，日常养护不作为养护工程类型之一，一般不按单独项目进行管理，由各地自行制定相关管理办法。本规范沥青路面养护工程分为预防养护、修复养护、专项养护和应急养护，根据阶段性重点养护工程项目管理需要，沥青路面部分预防或修复养护工程按专项养护工程进行立项与实施管理。

日常养护是指对沥青路面进行经常性巡查、保养、维修等，包括日常巡查、日常保养和日常维修。日常巡查是指对沥青路面进行经常性巡查，及时发现损坏与异常情况；日常保养是指对沥青路面进行日常性清洁、保洁、排除积水等；日常维修是指对沥青路面的轻微或局部损坏进行维修。

3.1.3 沥青路面技术状况定期检测与评价获得的路况数据，对于不同行政等级对应的各技术等级公路更新路况数据信息方法有差别，结合路面管理系统推广应用情况，对国省道干线公路（含高速公路）对应的各技术等级路况数据信息更新需在路面管理系统中进行；县道和重要乡道公路对应的各技术等级路况数据信息更新逐步在路面管理系统中进行，不具备条件的，在县乡村道公路档案资料中更新路况数据信息。

3.1.4 公路养护科学决策是编制沥青路面养护规划与年度计划的方法及手段，也是交通运输部和各地五年公路养护管理发展纲要或规划明确要求的一项工作制度与方法。沥青路面养护科学决策包含技术状况检测与评定、养护目标设定、养护需求分析、养护对策选择、养护规划与年度计划编制等环节，其目的是分类、分段、分期地安排日常养护和养护工程，及时有效地处治沥青路面各类损坏，保障沥青路面良好的技术状况，合理配置养护资金，使其使用效益最大化。

编制沥青路面养护规划的目的是科学进行养护对策选择和养护安排，合理分配养护资金，实现公路资产的保值与增值，提高公路养护管理水平；其目标是保证沥青路面使用性能满足要求，优化安排日常养护和养护工程，构建养护工程对策库及其项目储备库，为规划期内的养护对策选择、养护工程计划制订提供依据，提高养护决策的科学性与准确性，实现运营期内养护投资效益最大化。为此，根据实际需要开展沥青路面中短期和长期养护规划，中短期养护规划年限通常为 3 ~5 年，结合高速公路和经营性非高速公路的经营期实际情况，沥青路面养护规划年限通常要求延长至经营期末。

3.1.6 跟踪观测与后评价主要针对工程规模大、技术难度高、应用新技术等的沥青路面养护工程，必要时开展沥青路面养护工程实施效果评价。

3.1.8 沥青路面养护作业安全需要按有关规定布置作业控制区，布设交通安全设施，加强现场养护作业管理，制定并严格执行安全技术措施与操作规程，落实养护作业文明施工制度，保障养护作业与车辆运行安全。

3.2 养护质量要求

3.2.1 公路网级是指省（自治区、直辖市）、市、县或各级经营管理单位养护管理范围内所有等级公路组成的路网，其沥青路面技术状况指数（PQI）来自年度公路网级路况调查与评定数据。每个基本单元沥青路面技术状况指数（PQI）及其分项指标来自年度公路网级和季度日常养护路况调查与评价数据，基本单元是指路况调查与评价一章中的基本单元。路面基本通行要求是指通行路面基本平整，无威胁通行安全的明显病害，可供过往车辆的基本通行。

3.3 预防养护

3.3.1 根据《公路养护工程管理办法》规定，各地需要设立预防养护科目，要求每年安排一定比例的预防养护资金，并按交通运输部制定的每五个年度公路养护管理发展纲要要求，对符合预防养护条件的沥青路面实施一定里程或比例的预防养护，每个预防养护项目里程一般不小于 3km。

3.3.3 沥青路面预防养护目标是指实施路段采取不同技术措施对应的使用年限及使用年限末的路况水平。

3.3.4 沥青路面预防养护主要指针对沥青路面存在病害隐患或有轻微病害而采取的主动性养护工程措施，包括含砂雾封层、稀浆封层、微表处、碎石封层、纤维封层、复合封层、超薄罩面、薄层罩面等。

3.4 修复养护

3.4.2 沥青路面修复养护目标是指实施路段采取不同养护对策与技术措施对应的使用年限及使用年限末的路况水平。

3.4.3 沥青路面修复养护主要指针对沥青路面一般性或较大损坏而采取的功能性和结构性修复工程措施，包括罩面、结构性补强、局部加宽等。

3.5 应急养护

3.5.1 应急养护主要指针对沥青路面突发情况造成的严重损毁而实施的应急抢通、保通和抢修养护工程。应急抢通、保通养护工程是指对沥青路面突发情况造成的损毁，并已危及路面安全通行或造成交通中断，通常要及时实施的应急措施。

4 路况调查与评价

4.1 一般规定

4.1.1 用于公路网级、日常养护和养护工程的沥青路面路况调查与检测在实施时间上有差别，路况评定或评价结果应用也有相应的差别。公路网级沥青路面路况调查与检测一般在每年实施养护工程后的年底或下一年初，主要采用路况自动化快速检测设备（国省县道和重要乡道）或人工调查方法（县道和重要乡道）进行，对于不是每年度检测的分项指标采用最新年度检测数据，其评定结果主要用于编制养护规划与年度计划，申请年度计划资金，以及考核评价年度养护工作成效，一般由省级交通运输主管部门或公路管理机构组织实施，经营管理单位根据需要组织实施经营性公路路况调查与评定。

公路网级沥青路面路况调查与评定对于不同行政等级对应的各技术等级公路实施频率有差别：国省道干线公路（含高速公路）对应的各技术等级路况调查与评定需按年度进行；根据《农村公路养护管理办法》有关规定，县道和重要乡道公路对应的各技术等级路况调查与评定也需按年度进行，路况调查可采用人工调查方法或自动化快速检测设备，其他乡道和村道基本不属于技术等级公路，故不作按年度进行路况调查与评定的要求。

4.1.2 日常养护路况调查主要针对沥青路面各类损坏，广泛采用人工调查各类损坏的方法，一般在每季度末或下一季度初进行，其调查与评价结果主要用于安排日常养护生产计划和考核评价每季度日常养护工作成效，非经营性公路一般由市县级交通运输主管部门或公路管理机构及其派出机构组织实施，经营性公路一般由经营管理单位派出的管理处、路段公司等机构组织实施。

日常养护沥青路面各类损坏调查对于不同行政等级对应的各技术等级公路实施频率有差别：国省道干线公路（含高速公路）对应的各技术等级各类损坏调查需按季度进行；根据《农村公路养护管理办法》有关规定及养护管理实际，县道和重要乡道公路对应的各技术等级各类损坏调查也需按季度进行，其他乡道和村道基本不属于技术等级公路，故不作按季度进行各类损坏调查的要求。

4.1.3 养护工程路况调查一般对已列入计划实施工程的路段，在路面技术状况指数（PQI）调查与检测基础上，开展基础数据调查、专项数据调查和详细设计补充数据调查，其调查与评价结果主要用于养护工程病害诊断、养护对策选择、方案设计与详细设计。

4.1.6 根据现行《公路技术状况评定标准》（JTG 5210）的有关规定，沥青路面技术状况指数（PQI）各分项指标包括：路面损坏状况指数（PCI）、路面行驶质量指数（RQI）、路面车辙深度指数（RDI）、路面跳车指数（PBI）、路面磨耗指数（PWI）、路面抗滑性能指数（SRI）和路面结构强度指数（PSSI）。

4.2 公路网级路况调查与评定

4.2.1 对于技术状况调查与检测按上行、下行方向分别进行的基本单元，其对应的技术状况评价先按上行、下行方向分别进行，后取上行和下行方向评价结果的加权平均值；对于技术状况调查与检测按上下行一个方向进行的基本单元，其对应的技术状况评价以该方向的评价结果为准。

5 日常养护

5.3 日常保养

5.3.2 沥青路面清扫作业分为日常清扫和特殊清扫。日常清扫是保持良好的路容路貌和运行环境的最基本养护作业要求，由于横坡和高速车轮作用，路面尘土杂物主要集中在路幅右侧或超高段路幅左侧，因此日常清扫作业沿路幅右侧或左侧进行，以尘土杂物集中的路幅右侧或超高段路幅左侧为主。因运输车辆滴洒漏、油类物质及化学品泄漏、交通事故等突发事件及异常情况，造成沥青路面严重污染的应及时开展特殊清扫作业，并做好清扫作业工作记录。

5.3.5 根据沥青路面表面温度与每天最高气温的关系研究成果，随着夏季每天最高气温升高，沥青路面表面温度也会升高，夏季每天最高气温达到35℃及以上时，沥青路面表面温度一般能达到60℃及以上，已超过道路石油沥青软化点，超过或接近各种改性沥青软化点，此时沥青出现软化，加之沥青面层结构、特殊路段和重载交通影响，极易出现车辙、波浪拥包等沥青路面损坏。

5.4 日常维修

5.4.3 沥青路面损坏与病害在程度上有差别，病害是一种影响到行车舒适性与安全性的损坏。

6 病害处治

6.2 裂缝的处治

6.2.2 灌缝材料使用的密封胶也称为灌缝胶，贴缝材料使用的贴缝胶也称为贴缝带。二级及二级以上公路沥青路面灌缝材料一般采用密封胶，三级及三级以下公路沥青路面灌缝材料允许采用（改性）热沥青、（改性）乳化沥青（砂）等。半刚性基层沥青路面反射裂缝、纵向裂缝、横向裂缝、轻度块状裂缝且缝宽不大于3mm一般采用开槽灌缝或直接贴缝，缝宽大于3mm且裂缝周边无散落一般采用清缝灌缝或灌缝后贴缝，贴缝前的灌缝材料允许采用密封胶、（改性）热沥青或（改性）乳化沥青（砂）。

7 养护工程设计要求

7.1 一般规定

7.1.1 沥青路面养护工程设计是在基础资料收集、路况调查与评价基础上，按专项数据检测与分析、病害诊断分析、养护对策选择、技术设计和施工图设计（含施工图设计相关资料调查）的基本流程进行，通过技术、经济、全寿命周期成本最优等综合比选方法，确定合理的养护工程技术方案。对于小半径弯道、大纵坡、穿城区路口等特殊路段，需对沥青路面结构、材料与参数进行专项设计，按上述综合比选方法确定合理、可靠的技术方案。

沥青路面应急养护主要指针对突发情况下造成损毁、中断、产生重大安全隐患等实施的应急性抢通、保通和抢修，应急养护实施需要对遭受损毁、中断、产生重大安全隐患等部位进行修复，其设计按养护工程设计要求进行。根据阶段性重点养护工程项目管理需要，沥青路面部分预防或修复养护工程按专项养护工程进行管理，其设计也按养护工程设计要求进行。

8　封层

8.1　一般规定

8.1.1　封层是沥青路面预防养护的主要工程措施，主要采用混合料拌制与喷洒、拌制与摊铺两种形式之一，胶结料喷洒与碎石撒布同步、异步两种工艺之一，或两种封层措施组合施工。罩面主要特点是其混合料具有严格的级配类型与特点，并采用专用拌和设备拌制、采用摊铺设备摊铺、采用压实设备压实成型。因此，本规范将封层从原规范的罩面章节中独立成章。

8.1.4　对用于特殊路段的沥青路面抗滑性能及耐久性要求高的封层，广泛采用双组分环氧沥青、聚氨酯等非沥青类材料作为胶结料，可采用玄武岩、破碎陶粒等细集料作为骨料，保证骨料与胶结料、胶结料与原路面良好的黏结与抗滑性能。

8.2　含砂雾封层

8.2.1　含砂雾封层具有预防养护措施的一般特点和功能作用以及工程实施达到的要求，通过添加各类功能性材料，还具有降低路面表面温度、延缓沥青老化、冬季路面抗凝冰、吸收净化汽车尾气等功能作用。由于酸性岩石、鹅卵石等破碎集料铺筑的沥青路面，集料与沥青黏附性不好，含砂雾封层实施后能起到填充微裂缝、封闭微空隙、防止渗水等功能作用，但无法很好黏结在路面表面上，通车后极易被汽车轮胎磨掉，路面表观效果不好，因此不适用于由酸性岩石、鹅卵石等破碎集料铺筑的沥青路面。

8.3　稀浆封层

8.3.2　稀浆封层填料的掺加量通过混合料设计试验确定，矿粉的主要作用是改善矿料级配，水泥、消石灰等具有化学活性的填料的主要作用是调整稀浆混合料的可拌和时间、成浆状态和成型速度等。添加剂的种类与添加量通过混合料设计试验确定，其主要作用是调节稀浆混合料的可拌和时间、破乳速度、成型与开放交通时间等施工性能，并在一定程度上改变混合料的路用性能。

8.4 微表处

8.4.2、8.4.9 同步微表处摊铺机是能同时洒布一层黏层材料和摊铺一层微表处的专用摊铺机械。采用掺入纤维的微表处时，同步微表处摊铺机还要配备卷轴式纤维盘和纤维切割装置。

8.5 碎石封层

8.5.1 碎石封层按使用的沥青胶结料类型，可分为（改性）热沥青碎石封层和（改性）乳化沥青碎石封层；按采用的施工工艺，可分为同步碎石封层和异步碎石封层；按洒布沥青胶结料和撒布碎石的层次，可分为单层式碎石封层、双层式碎石封层、三明治式碎石封层，其中双层式碎石封层注重上、下层碎石的嵌挤效果。由于高速公路及一级公路沥青路面使用性能与外观质量要求高、车速较快易飞石、碎石黏结问题等，碎石封层只适用于加铺功能性罩面、结构性补强、桥隧沥青铺装、水泥混凝土路面沥青铺装等需要起到应力吸收作用的黏结防水层，也可用作其他等级公路加铺功能性罩面、结构性补强、桥隧沥青铺装、水泥混凝土路面沥青铺装等的黏结防水层。

9 功能性罩面

9.1 一般规定

9.1.1 功能性罩面的共性特点：①原沥青路面结构强度满足使用要求；②在原沥青路面上铺筑沥青混凝土加铺层；③铺筑厚度一般小于 60mm，且不计入路面结构补强层；④对改善原沥青路面的使用性能如减少网裂、改善平整度、提高抗滑性能、防水下渗等会起到一定的作用。

9.1.2 功能性罩面厚度在不同国家、地区的规范及手册中有不同的界定，美国的薄表面层厚度为 12.5 ~37.5mm，而 *HMA Pavement Mix Type Selection Guide* 中规定，用于中等与重交通的薄表面层 SMA-10 铺装厚度 25 ~ 37.5mm，OGFC-10 铺装厚度 19 ~ 25mm；英国的薄表面层分界厚度为小于 18mm、18 ~25mm 和 25 ~40mm；法国的薄表面层分为三类：超薄 10 ~20mm、很薄 20 ~30mm 和一般薄 30 ~50mm；南非的超薄罩面定义为铺筑厚度小于 30mm 的各种级配沥青混凝土表面层；《广东省高等级公路沥青路面预防性养护技术手册》等地方标准中规定超薄罩面 10 ~ 20mm、薄层罩面 20 ~ 40mm 和罩面 40 ~50mm。为此，本规范确定了功能性罩面厚度分类标准。

9.1.4 部分车道进行功能性罩面包括硬路肩不进行功能性罩面的情况。

9.2 超薄罩面

9.2.6 同步超薄罩面施工工艺在获得良好层间黏结与防水性能的同时，也要求施工过程中高黏度改性乳化沥青中的水能迅速排出，因此所用沥青混合料要求具有较高的设计空隙率，从而也使同步超薄罩面具备了良好的抗滑性能与防排水能力。

10 结构性补强

10.1 一般规定

10.1.3 结构性补强厚度不仅会引起路面高程变化、横坡调整、与路面结构物衔接等，而且会导致出现原有护栏高度和防撞等级无法满足原设计标准的情况，对无法满足的路段，要求采取综合措施进行处置，保证护栏高度和防撞等级达到原设计标准。

10.3 铣刨加铺补强

10.3.1 路面材料回收可采用铣刨或挖除方法，本节明确铣刨包括铣刨和挖除两种方法，并统一称为“铣刨”。挖除具有不破碎原沥青面层和基层集料、不改变其矿料级配、有利于再生利用等优点，在沥青面层材料回收中优先采用挖除方法。

11 局部加宽

11.1 一般规定

11.1.1 局部加宽是沥青路面养护工程的措施之一，一般不按项目进行管理，根据《公路养护工程管理办法》规定，列入修复养护或专项养护的工程范畴，而整体改变公路线形、全路线或路段加宽属于改扩建工程范畴，通常按新建工程项目进行管理，不在本规范规定的范围，本规范仅针对局部加宽部分，删除原规范中属于改扩建工程范畴的部分。

12 桥隧沥青铺装养护

12.1 一般规定

12.1.1 大跨径斜拉桥、悬索桥及特殊结构桥梁和长、特长隧道沥青铺装受桥隧结构、铺装状况、行车荷载、车辆安全、所处环境等影响，容易出现沥青铺装各类病害，甚至危及桥隧使用耐久性、结构与行车安全，需要加大日常巡查与保养频率，及时发现病害及异常情况，清除尘土杂物、污染物等，排除积水、积雪、积冰等，疏通桥面泄水孔、排水沟等设施。

12.2 水泥混凝土桥面沥青铺装养护

12.2.1 作为桥梁工程重要组成部分的水泥混凝土桥面铺装通常由水泥混凝土铺装层、黏结防水层与沥青铺装层组成，沥青铺装层能减缓行车对水泥混凝土铺装层乃至桥梁的冲击作用，其质量好坏和使用耐久性直接影响到行车安全性、平稳性、舒适性及桥梁的耐久性和投资效益。水泥混凝土铺装层与沥青铺装层协同工作是水泥混凝土桥面铺装不发生裂缝、坑槽、开裂滑移、车辙、波浪拥包、脱层等早期病害的根本保证。当水泥混凝土铺装层与沥青铺装层间的黏结失去作用而发生滑动时，层间最大拉应力较层间连续时的大4~5倍，而且渗入的水极易聚集在水泥混凝土铺装层与沥青铺装层间，长时间浸湿水泥混凝土铺装层，易发生钢筋腐蚀、碱集料反应、碳化、冻融等耐久性破坏，出现沥青铺装层开裂滑移和脱层破坏。

12.2.4 剪切强度采用45°角斜剪试验方法，拉拔强度采用直接拉伸试验方法。

12.3 钢桥面沥青铺装养护

12.3.1 钢结构桥梁（包括钢箱梁和钢桁架梁）桥面系广泛采用正交异性钢桥面板，主要由钢桥面板及其下部的纵向加劲肋、横向加劲肋、纵隔板、横隔板与横梁组成。作为桥梁工程重要组成部分的正交异性钢桥面沥青铺装是一个世界性难题，涉及力学分析、结构与材料设计、混合料设计与性能检验、施工工艺、设备要求、质量控制等方面的系统研究，对钢桥面沥青铺装的受力状态和铺装材料的基本强度、变形性能、抗腐蚀性、水稳定性、高温稳定性、低温抗裂性、黏结性、抗滑性、施工工艺等要求很高。经过多年发展，国内外针对钢桥面沥青铺装研究取得了丰富的设计和施工经验，形成了“四种铺装材料、两类铺装结构”的格局。“四种铺装材料”分别指改性密级配沥青混凝土、浇注式沥青混凝土（Guss Asphalt）、SMA 混凝土与环氧沥青混凝土（Epoxy Asphalt），“两类铺装结构”则是指单层铺装结构和双层铺装结构（包括同质双层与异质双层）。

选用哪种钢桥面沥青铺装材料与结构类型，既要满足抗开裂、抗变形等使用性能要求，还要与钢桥面板具有良好的黏结性、适应加劲肋板钢桥面局部弯曲变形的抗疲劳性能以及对钢桥面板的防水防腐蚀作用，减少直至避免钢桥面沥青铺装出现纵横向裂缝、坑槽、车辙、波浪拥包、脱层等早期病害。钢桥面沥青铺装技术要求主要体现在：①较高的铺装层强度及合理的厚度；②优良的层间黏结性能；③优良的高温稳定性、低温抗裂性；④较好的耐久性，即较好的抗老化性、水稳定性和耐疲劳性能；⑤优良的适应钢桥面板非周期性变形性能，即变形协调与稳定性；⑥优良的平整度、抗滑及耐磨性能；⑦良好的防水防腐蚀性能；⑧较高的施工工艺与质量控制要求。钢桥面板与沥青铺装层协同工作是钢桥面沥青铺装不发生开裂滑移、鼓包、车辙、波浪拥包、脱层等早期病害的根本保证。当钢桥面板与沥青铺装层间的黏结失去作用时，极易出现沥青铺装层开裂滑移和脱层破坏。

12. 3. 3 早期鼓包开裂处治在鼓起范围的铺装层表面不同位置锥刺 3 ~4 个小孔（直径为 0. 3 ~0. 6cm，在鼓起范围的铺装层最高位置锥刺一个小孔），锥刺孔的深度达到鼓起顶层位置，利用热吹风机或红外线灯将热空气吹到鼓包铺装层内部，待鼓包铺装层内湿气充分干燥、温度冷却后进行灌缝处理，并采用专用裂缝灌注仪从最低位置的锥刺孔开始灌注，待临近锥刺孔内有灌缝料渗出，采用橡胶皮将该锥刺孔堵住，往复直至最高位置的锥刺孔内有灌缝料渗出，再利用灌缝料将鼓起范围内的铺装层表面出现的裂缝密封，采用热吹风机或红外线灯将鼓包修复范围烘软，并将鼓起范围压平，将多余的灌缝料挤出，待完全固化后开放交通。中后期严重鼓包坑洞处治采用开挖回填的方式进行修复，将铺装层鼓包坑洞区域开挖，清除干净铺装层松动部分及内部水分，对已锈蚀的钢桥面板进行打磨除锈，涂覆黏结防水层材料，回填环氧沥青铺装层，待完全固化后开放交通。

12. 3. 6 剪切强度采用 45°角斜剪试验方法，拉拔强度采用直接拉伸试验方法。

12. 4 隧道路面沥青铺装养护

12. 4. 1 作为隧道工程重要组成部分的沥青铺装通常由黏结防水层与沥青铺装层组成，沥青铺装层主要形式有双层铺装、单层铺装和薄层铺装，能减缓行车对隧道路面的冲击和降低隧道内的噪声作用，其质量好坏和使用耐久性直接影响到行车舒适性和安全性。隧道路面与沥青铺装层协同工作是隧道沥青铺装不发生裂缝、坑槽、开裂滑移、车辙、波浪拥包、脱层等早期病害的根本保证。当隧道路面与沥青铺装层间的黏结失去作用时，容易出现沥青铺装层开裂滑移和脱层破坏。

13 水泥混凝土路面沥青铺装养护

13.0.2 沥青铺装主要病害与原水泥混凝土路面旧路处理（包括病害处治和破碎再生）情况是密切相关的，水泥混凝土路面直接沥青铺装（简称“白加黑”）的旧路病害处治方法主要有破碎板置换、脱空注浆、更换填缝料、旧路面精铣刨等，旧路病害处治是否到位直接影响沥青铺装层早期病害和主要病害的产生。根据现行《公路水泥混凝土路面再生利用技术细则》（JTG/T F31）的有关规定，水泥混凝土路面旧路破碎再生包括就地碎石化和就地发裂，其中碎石化处理方法分为多锤头碎石化、共振碎石化等，就地发裂处理方法分为打裂压稳、冲击压裂等，处理后需要压实稳定并铺筑功能层后才能进行沥青铺装（简称“白改黑”）。旧路破碎再生适用条件、处理均匀性、施工工艺与质量控制、沥青铺装结构与材料设计、施工状况等也直接影响沥青铺装层早期病害和主要病害的产生。

14 绿色养护

14.3 温拌沥青路面应用

14.3.1 温拌沥青混合料是指与相同类型热拌沥青混合料相比，在基本不改变沥青混合料配合比和施工工艺的前提下，通过增设发泡装置、添加温拌剂（包括含水矿物添加剂、有机添加剂和表面活性剂，常用的材料有合成沸石、高分子量蜡、低分子量蜡、聚烯烃类改性剂、表面活性剂水溶液、表面活性剂浓缩液等）、采用温拌沥青结合料等技术措施，使沥青混合料的拌和温度相应降低30℃以上，其使用性能达到热拌沥青混合料技术要求的新型沥青混合料。

14.4 降噪沥青路面应用

14.4.1 大空隙排水沥青面层具有降噪效果好、抑制行车水雾、防止轮胎水漂、雨天可视性好、减轻夜间眩光、抗滑安全性高等突出优点，是降噪沥青路面铺筑和海绵城市建设首选的技术措施；高弹胶结料是一种良好的黏弹性材料，如废旧橡胶改性沥青、高弹高黏改性沥青等，掺入沥青面层可降低行车轮胎震动噪声；弹性颗粒如橡胶颗粒、弹性粒料等是一种良好的弹塑性材料，填充沥青面层起到海绵效应，可减缓行车轮胎震动对沥青路面的冲击作用，并吸收行车轮胎震动产生的噪声而起到降噪效果。这三种降噪技术措施均能达到降低路面噪声的效果。

现行公路工程行业标准一览表

（2022 年 9 月）

序号	板块	模块	现行编号	名称	定价（元）
1	总体		JTG 1001—2017	公路工程标准体系（14300）	20.00
2			JTG A02—2013	公路工程行业标准制修订管理导则（10544）	15.00
3			JTG A04—2013	公路工程标准编写导则（10538）	20.00
4	通用	基础	JTG B01—2014	公路工程技术标准（活页夹版，11814）	98.00
				公路工程技术标准（平装版，11829）	68.00
5			JTG 2111—2019	小交通量农村公路工程技术标准（15327）	50.00
6			JTG 2112—2021	城镇化地区公路工程技术标准（17752）	50.00
7			JTJ 002—87	公路工程名词术语（0346）	22.00
8			JTJ 003—86	公路自然区划标准（0348）	16.00
9			JTG 2120—2020	公路工程结构可靠性设计统一标准（16532）	50.00
10			建标〔2011〕124 号	公路工程项目建设用地指标（09402）	36.00
11			JTG F80/1—2017	公路工程质量检验评定标准　第一册　土建工程（14472）	90.00
12			JTG 2182—2020	公路工程质量检验评定标准　第二册　机电工程（16987）	60.00
13		安全	JTG B05—2015	公路项目安全性评价规范（12806）	45.00
14			JTG B05-01—2013	公路护栏安全性能评价标准（10992）	30.00
15			JTG B02—2013	公路工程抗震规范（11120）	45.00
16			JTG/T 2231-01—2020	公路桥梁抗震设计规范（16483）	80.00
17			JTG/T 2231-02—2021	公路桥梁抗震性能评价细则（16433）	40.00
18			JTG 2232—2019	公路隧道抗震设计规范（16131）	60.00
19			JTG F90—2015	公路工程施工安全技术规范（12138）	68.00
20		绿色	JTG B03—2006	公路建设项目环境影响评价规范（13373）	40.00
21			JTG B04—2010	公路环境保护设计规范（08473）	28.00
22			JTG/T 2321—2021	公路工程利用建筑垃圾技术规范（17536）	40.00
23			JTG/T 2340—2020	公路工程节能规范（16115）	30.00
24		智慧	JTG/T 2420—2021	公路工程信息模型应用统一标准（17181）	50.00
25			JTG/T 2421—2021	公路工程设计信息模型应用标准（17179）	80.00
26			JTG/T 2422—2021	公路工程施工信息模型应用标准（17180）	70.00
27	建设	勘测	JTG C10—2007	公路勘测规范（06570）	40.00
28			JTG/T C10—2007	公路勘测细则（06572）	42.00
29			JTG C20—2011	公路工程地质勘察规范（09507）	65.00
30			JTG/T C21-01—2005	公路工程地质遥感勘察规范（0839）	17.00
31			JTG/T C21-02—2014	公路工程卫星图像测绘技术规程（11540）	25.00
32			JTG/T 3221-04—2022	公路跨海通道工程地质勘察规程（18076）	70.00
33			JTG/T 3222—2020	公路工程物探规程（16831）	60.00
34			JTG 3223—2021	公路工程地质原位测试规程（17325）	100.00
35		设计	JTG C30—2015	公路工程水文勘测设计规范（12063）	70.00
36			JTG/T 3310—2019	公路工程混凝土结构耐久性设计规范（15635）	50.00
37			JTG/T 3311—2021	小交通量农村公路工程设计规范（17487）	60.00
38			JTG D20—2017	公路路线设计规范（14301）	80.00
39			JTG/T D21—2014	公路立体交叉设计细则（11761）	60.00
40			JTG D30—2015	公路路基设计规范（12147）	98.00
41			JTG/T D31—2008	沙漠地区公路设计与施工指南（1206）	32.00
42			JTG/T D31-02—2013	公路软土地基路堤设计与施工技术细则（10449）	40.00
43			JTG/T D31-03—2011	采空区公路设计与施工技术细则（09181）	40.00
44			JTG/T D31-04—2012	多年冻土地区公路设计与施工技术细则（10260）	40.00
45			JTG/T D31-05—2017	黄土地区公路路基设计与施工技术规范（13994）	50.00
46			JTG/T D31-06—2017	季节性冻土地区公路设计与施工技术规范（13981）	45.00
47			JTG/T D32—2012	公路土工合成材料应用技术规范（09908）	50.00
48			JTG/T D33—2012	公路排水设计规范（10337）	40.00
49			JTG/T 3334—2018	公路滑坡防治设计规范（15178）	55.00
50			JTG D40—2011	公路水泥混凝土路面设计规范（09463）	40.00
51			JTG D50—2017	公路沥青路面设计规范（13760）	50.00
52			JTG/T 3350-03—2020	排水沥青路面设计与施工技术规范（16651）	50.00
53			JTG D60—2015	公路桥涵设计通用规范（12506）	40.00
54			JTG/T 3360-01—2018	公路桥梁抗风设计规范（15231）	75.00
55			JTG/T 3360-02—2020	公路桥梁抗撞设计规范（16435）	40.00
56			JTG/T 3360-03—2018	公路桥梁景观设计规范（14540）	40.00
57			JTG D61—2005	公路圬工桥涵设计规范（13355）	30.00
58			JTG 3362—2018	公路钢筋混凝土及预应力混凝土桥涵设计规范（14951）	90.00
59			JTG 3363—2019	公路桥涵地基与基础设计规范（16223）	90.00
60			JTG D64—2015	公路钢结构桥梁设计规范（12507）	80.00
61			JTG/T D64-01—2015	公路钢混组合桥梁设计与施工规范（12682）	45.00
62			JTG/T 3364-02—2019	公路钢桥面铺装设计与施工技术规范（15637）	50.00
63			JTG/T 3365-01—2020	公路斜拉桥设计规范（16365）	50.00
64			JTG/T 3365-02—2020	公路涵洞设计规范（16583）	50.00
65			JTG/T D65-05—2015	公路悬索桥设计规范（12674）	55.00
66			JTG/T D65-06—2015	公路钢管混凝土拱桥设计规范（12514）	40.00
67			JTG/T 3365-05—2022	公路装配式混凝土桥梁设计规范（17885）	60.00
68			JTG 3370.1—2018	公路隧道设计规范　第一册　土建工程（14639）	110.00
69			JTG D70/2—2014	公路隧道设计规范　第二册　交通工程与附属设施（11543）	50.00

序号	板块	模块	现行编号	名称	定价(元)
70	建设	设计	JTG/T D70—2010	公路隧道设计细则(08478)	66.00
71			JTG/T D70/2-01—2014	公路隧道照明设计细则(11541)	35.00
72			JTG/T D70/2-02—2014	公路隧道通风设计细则(11546)	70.00
73			JTG/T 3371—2022	公路水下隧道设计规范(17889)	120.00
74			JTG/T 3371-01—2022	公路沉管隧道设计规范(18063)	70.00
75			JTG/T 3374—2020	公路瓦斯隧道设计与施工技术规范(16141)	60.00
76			JTG D80—2006	高速公路交通工程及沿线设施设计通用规范(0998)	25.00
77			JTG D81—2017	公路交通安全设施设计规范(14395)	60.00
78			JTG/T D81—2017	公路交通安全设施设计细则(14396)	90.00
79			JTG/T 3381-02—2020	公路限速标志设计规范(16696)	40.00
80			JTG D82—2009	公路交通标志和标线设置规范(07947)	116.00
81			JTG/T 3383-01—2020	公路通信及电力管道设计规范(16686)	40.00
82			JTG/T L11—2014	高速公路改扩建设计细则(11998)	45.00
83			JTG/T L80—2014	高速公路改扩建交通工程与沿线设施设计细则(11999)	30.00
84			JTG/T 3392—2022	高速公路改扩建交通组织设计规范(17883)	50.00
85		通用图	JTG/T 3911—2021	装配化工字组合梁钢桥通用图(17771)	3000.00
86		试验	JTG E20—2011	公路工程沥青及沥青混合料试验规程(09468)	106.00
87			JTG 3420—2020	公路工程水泥及水泥混凝土试验规程(16989)	100.00
88			JTG 3430—2020	公路土工试验规程(16828)	120.00
89			JTG E41—2005	公路工程岩石试验规程(13351)	30.00
90			JTG E42—2005	公路工程集料试验规程(13353)	50.00
91			JTG E50—2006	公路工程土工合成材料试验规程(13398)	40.00
92			JTG E51—2009	公路工程无机结合料稳定材料试验规程(08046)	60.00
93			JTG 3450—2019	公路路基路面现场测试规程(15830)	90.00
94		检测	JTG/T 3512—2020	公路工程基桩检测技术规程(16482)	60.00
95			JTG/T 3520—2021	公路机电工程测试规程(17414)	60.00
96		施工	JTG/T 3610—2019	公路路基施工技术规范(15769)	80.00
97			JTG/T F20—2015	公路路面基层施工技术细则(12367)	45.00
98			JTG/T F30—2014	公路水泥混凝土路面施工技术细则(11244)	60.00
99			JTG F40—2004	公路沥青路面施工技术规范(05328)	50.00
100			JTG/T 3650—2020	公路桥涵施工技术规范(16434)	125.00
101			JTG/T 3650-02—2019	特大跨径公路桥梁施工测量规范(15634)	80.00
102			JTG/T 3651—2022	公路钢结构桥梁制造和安装施工规范(17884)	80.00
103			JTG/T 3652—2022	跨海钢箱梁桥大节段施工技术规程(18075)	30.00
104			JTG/T 3660—2020	公路隧道施工技术规范(16488)	100.00
105			JTG/T 3671—2021	公路交通安全设施施工技术规范(17000)	50.00
106			JTG/T F72—2011	公路隧道交通工程与附属设施施工技术规范(09509)	35.00
107		监理	JTG G10—2016	公路工程施工监理规范(13275)	40.00
108		造价	JTG 3810—2017	公路工程建设项目造价文件管理导则(14473)	50.00
109			JTG/T 3811—2020	公路工程施工定额测定与编制规程(16083)	60.00
110			JTG/T 3812—2020	公路工程建设项目造价数据标准(16836)	100.00
111			JTG 3820—2018	公路工程建设项目投资估算编制办法(14362)	60.00
112			JTG/T 3821—2018	公路工程估算指标(14363)	120.00
113			JTG 3830—2018	公路工程建设项目概算预算编制办法(14364)	60.00
114			JTG/T 3831—2018	公路工程概算定额(14365)	270.00
115			JTG/T 3832—2018	公路工程预算定额(14366)	300.00
116			JTG/T 3832-01—2022	公路桥梁钢结构工程预算定额(18182)	40.00
117			JTG/T 3833—2018	公路工程机械台班费用定额(14367)	50.00
118	养护	综合	JTG H10—2009	公路养护技术规范(08071)	60.00
119			JTG 5120—2021	公路桥涵养护规范(17160)	60.00
120			JTG/T 5122—2021	公路缆索结构体系桥梁养护技术规范(17764)	60.00
121			JTG/T 5124—2022	公路跨海桥梁养护技术规范(18092)	50.00
122			JTG H12—2015	公路隧道养护技术规范(12062)	60.00
123			JTJ 073.1—2001	公路水泥混凝土路面养护技术规范(13658)	20.00
124			JTG 5142—2019	公路沥青路面养护技术规范(15612)	60.00
125			JTG/T 5142-01—2021	公路沥青路面预防养护技术规范(17578)	50.00
126			JTG 5150—2020	公路路基养护技术规范(16596)	40.00
127			JTG/T 5190—2019	农村公路养护技术规范(15430)	30.00
128		检测评价	JTG 5210—2018	公路技术状况评定标准(15202)	40.00
129			JTG/T E61—2014	公路路面技术状况自动化检测规程(11830)	25.00
130			JTG/T H21—2011	公路桥梁技术状况评定标准(09324)	46.00
131			JTG/T J21—2011	公路桥梁承载能力检测评定规程(09480)	20.00
132			JTG/T J21-01—2015	公路桥梁荷载试验规程(12751)	40.00
133			JTG/T 5214—2022	在用公路桥梁现场检测技术规程(18168)	50.00
134			JTG 5220—2020	公路养护工程质量检验评定标准　第一册　土建工程(16795)	80.00
135		养护设计	JTG 5421—2018	公路沥青路面养护设计规范(15201)	40.00
136			JTG/T J22—2008	公路桥梁加固设计规范(07380)	52.00
137			JTG/T 5440—2018	公路隧道加固技术规范(15402)	70.00
138		养护施工	JTG/T F31—2014	公路水泥混凝土路面再生利用技术细则(11360)	30.00
139			JTG/T 5521—2019	公路沥青路面再生技术规范(15839)	60.00
140			JTG/T J23—2008	公路桥梁加固施工技术规范(07378)	40.00
141			JTG H30—2015	公路养护安全作业规程(12234)	90.00
142		造价	JTG 5610—2020	公路养护预算编制导则(16733)	50.00
143			JTG/T M72-01—2017	公路隧道养护工程预算定额(14189)	60.00
144			JTG/T 5612—2020	公路桥梁养护工程预算定额(16855)	50.00
145			JTG/T 5640—2020	农村公路养护预算编制办法(16302)	70.00
146	运营	收费服务	JTG 6310—2022	收费公路联网收费技术标准	110.00
147			JTG/T 6303.1—2017	收费公路移动支付技术规范　第一册　停车移动支付(14380)	20.00
148			JTG B10-01—2014	公路电子不停车收费联网运营和服务规范(11566)	30.00

注:JTG——公路工程行业标准;JTG/T——公路工程行业推荐性标准。销售电话:010-85285659;业务咨询电话:010-85285922/30。